ひとりで学べる

韓国語会話

李清一 著

【ディスクのお取り扱いについて】
ディスクをいつまでも正常な音でお聴きいただくために、次のことにご注意ください

- ディスクの信号面（文字や絵柄のない裏面）には細かい信号が入っているため、静電気でほこりが付着しただけで音が出なくなる場合があります。ディスクをはじめて取り出すときには、ビニールについた接着剤が付着しないようご注意ください。
  万一、指紋、汚れ、傷などをつけた場合は、やわらかい布を水で湿らせ、内側から外側に向って放射状に軽く拭き取ってから、お使いください。
- ディスクには表裏にかかわらず、ペンなどで記入したり、シールを添付したりしないでください。
- ひび割れや変形したディスクは使わないでください。プレイヤーの故障原因となります。
- 直射日光の当たるところや、高温多湿の場所には保存しないでください。

はじめに

　お隣の国、韓国の言葉は日本語によく似ています。まず語順が同じで、助詞の「てにをは」の使い方もよく似ているうえに尊敬語や謙譲語などの敬語表現もあります。さらに、日本語と同じく漢語に由来する言葉である漢字語もあります。

　ですから韓国語の音を表す文字、ハングルにさえ目が慣れてくれば、あとは単語や用言の語尾活用を覚えて、語彙を増やしていけばいいのです。

　本書は、まずはハングルに慣れていただくために「パート１　ハングルの基本」で文法の概要と文字の読み方を簡潔にわかりやすく説明しました。また文字の表す音を便宜的にローマ字で表し、文字の構造を把握しながら覚えられるよう工夫しました。

　「パート２　基本のあいさつと便利なフレーズ」では、"こんにちは"や"ありがとう"など、ちょっとした短いフレーズを集めています。

　「パート３　超基本入れ替えフレーズ」「パート４　基本入れ替えフレーズ」では、文の構造を理解しながら、主語や述語などの部分入れ替え練習をすることで、表現パターンをどんどん増やしていけます。

　最後の「パート５　いろいろ会話集」では、前章までに習ったフレーズを使った、日常的な問答などを集めています。ここで実際の会話を体験してみてください。

　韓国には"始まりが半分"ということわざがあります。これは、"ものごとはいったん始めてしまえば、その半分を成し遂げたようなものだ"という意味です。

　みなさんも、本書を活用して韓国語を始めてみてください。"시작이반이다．(始まりが半分)"です。

李清一

本書の使い方

本書は、初心者向けの会話入門書です。そのため、初心者がつまずきやすい発音を正しく習得できるよう CD は「ゆっくりスピード」と「ノーマルスピード」の2通りを用意しました。さらに発音の手助けにふりがなを付けました。

※「パート1」と巻頭付録「反切表」のハングルのローマ字表記は、文字の構造を理解するための助けにと便宜的に掲載したものです。

パート1　ハングルの基本
文法の概要やハングルの発音・読み方などについて解説しています。

パート2　基本のあいさつと便利なフレーズ
基本的なあいさつなどを紹介しています。

パート3　超基本入れ替えフレーズ／パート4　基本入れ替えフレーズ

◆ メインページ

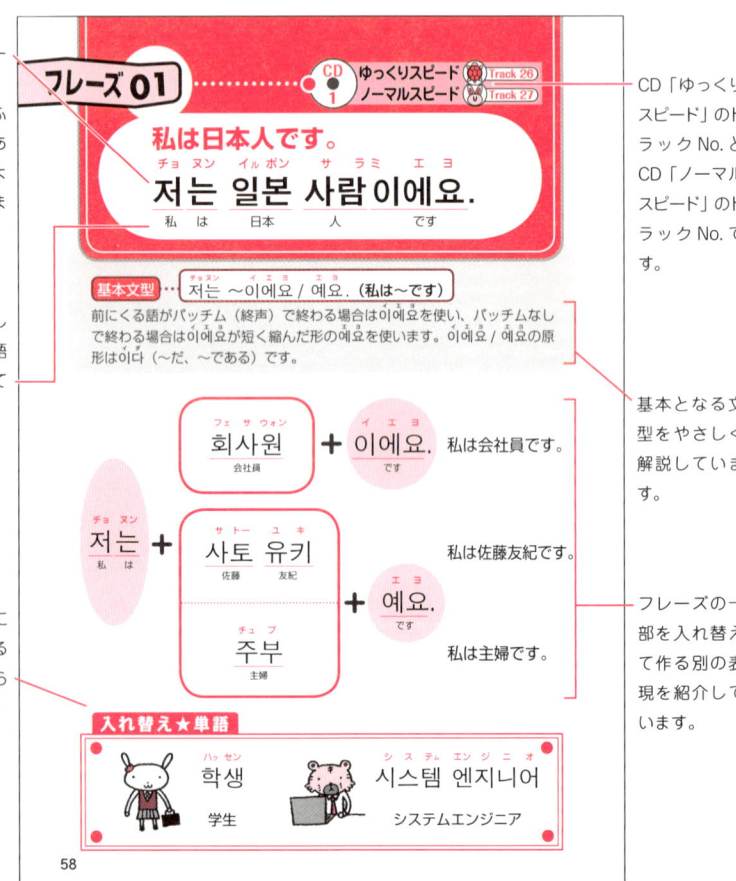

- 基本となるフレーズです。発音の手助けにふりがなを付けてあります。CDをよく聴いて練習しましょう。
- 文の構造を理解しやすいよう、単語の逐語訳をのせています。
- 入れ替え箇所に単語をあてはめると表現の幅をさらに広げられます。
- CD「ゆっくりスピード」のトラック No. と CD「ノーマルスピード」のトラック No. です。
- 基本となる文型をやさしく解説しています。
- フレーズの一部を入れ替えて作る別の表現を紹介しています。

◆ なりきりミニ会話

習ったフレーズをもとに"あなた"になりきって会話してみましょう。

発音の手助けにふりがなを付けてあります。CDをよく聴いて練習しましょう。

CD「ゆっくりスピード」のトラックNo.とCD「ノーマルスピード」のトラックNo.です。

◆ 復習問題

CDの韓国語を聴き取る問題です。

問題の解答と解説です。

パート5　いろいろ会話集

実践で使える会話例です。

発音の手助けにふりがなを付けてあります。CDをよく聴いて練習しましょう。

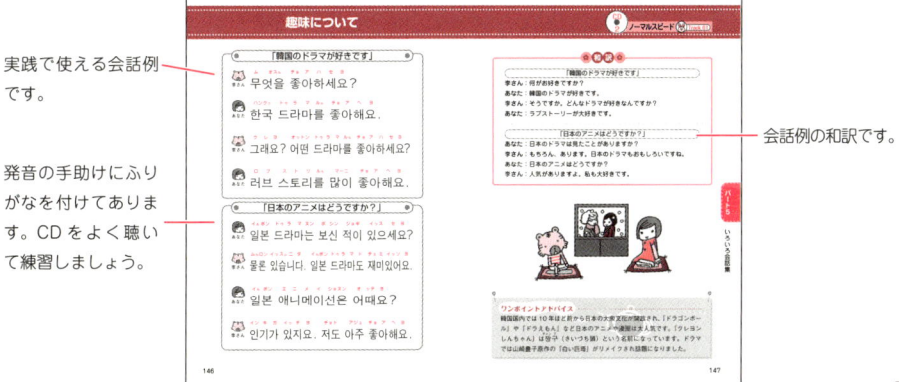

会話例の和訳です。

5

ひとりで学べる韓国語会話
も く じ

はじめに
本書の使い方・・・・・・・・・・・・・・・・・・・・・・・・・・・・・・・・・・・・・・ 4

パート1 ハングルの基本　CD1 Track02～18

韓国語文法のポイント・・・・・・・・・・・・・・・・・・・・・・・・・・・ 12
- POINT1　語順は日本語と同じ！・・・・・・・・・・・・・ 12
  - ・文章が長くても同じ・・・・・・・・・・・・・・・・・・・・・・ 13
- POINT2　韓国語にも漢字が入っている！・・・・・・ 14
  - ・漢字語は組み替えても使える・・・・・・・・・・・・・・ 15
  - ・漢字の読み方はほとんどひとつ・・・・・・・・・・・・ 15
- POINT3　「てにをは」の使い方もそっくり！・・ 16
  - ・よく使われる助詞・・・・・・・・・・・・・・・・・・・・・・・・ 17
  - ・日本語と使われ方の異なる助詞・・・・・・・・・・・・ 17
- POINT4　用言の活用がある！・・・・・・・・・・・・・・・ 18
  - ・いろいろな用言の語幹・・・・・・・・・・・・・・・・・・・・ 18
  - ・用言の活用の例・・・・・・・・・・・・・・・・・・・・・・・・・・ 19
- POINT5　丁寧語やぞんざい語がある！・・・・・・・・ 20
  - ・チョンデンマル（丁寧語）とパンマル（ぞんざい語）・・ 21
- POINT6　敬語表現がある！・・・・・・・・・・・・・・・・・ 22
  - ・韓国語の敬語は「絶対敬語」・・・・・・・・・・・・・・ 23

ハングル（文字）のポイント・・・・・・・・・・・・・・・・・ 24
- POINT1　ハングルの構造はローマ字に似ている・・ 24
  - ・ハングルの仕組み・・・・・・・・・・・・・・・・・・・・・・・・ 24
  - ・ハングルの成り立ち・・・・・・・・・・・・・・・・・・・・・・ 25
- POINT2　「子音＋母音」で成り立つ文字の構造・・・・ 26

POINT3	「子音＋母音＋子音」で成り立つ文字の構造	27
POINT4	基本母音〔10個〕の発音と書き方	28
	・基本母音の書き取り練習	30
	・単語を聴きながら書いてみよう	31
POINT5	基本子音〔9個〕の発音と書き方	32
	・基本子音の書き取り練習	34
	・単語を聴きながら書いてみよう	35
POINT6	激音〔5個〕、濃音〔5個〕の発音と書き方	36
	・激音、濃音の書き取り練習	38
	・単語を聴きながら書いてみよう	39
POINT7	合成母音〔11個〕の発音と書き方	40
	・合成母音の書き取り練習	42
	・単語を聴きながら書いてみよう	43
POINT8	パッチムの発音と書き方	44
	・パッチムの発音一覧	45

発音練習しよう！　パッチムの発音・・・・・・・・・・・・・・・・　46
発音練習しよう！　激音、濃音の発音・・・・・・・・・・・・・　47
発音練習しよう！　連音・・・・・・・・・・・・・・・・・・・・・・・・・　48

パート2　基本のあいさつと便利なフレーズ　CD1 Track19〜25

こんにちは・・・・・・・・・・・・・・・・・・・・・・・・・・・・・・・・・・・・　50
はじめまして・・・・・・・・・・・・・・・・・・・・・・・・・・・・・・・・・　51
はい・いいえ・・・・・・・・・・・・・・・・・・・・・・・・・・・・・・・・・　52
ありがとうございます・・・・・・・・・・・・・・・・・・・・・・・・・　53
ごめんなさい・大丈夫です・・・・・・・・・・・・・・・・・・・・・　54

いただきます……………………………… 55
すみません！……………………………… 56

パート3　超基本入れ替えフレーズ　CD1 Track26〜70

フレーズ01	私は日本人です。………………	58
フレーズ02	私は韓国人ではありません。………	59
フレーズ03	キム・スミさんですか？…………	60
フレーズ04	これは何ですか？………………	61
フレーズ05	これはパスポートです。…………	62
フレーズ06	これは本物ですか？………………	63
復習問題①…………………………………		64
なりきりミニ会話①…………………………		68
フレーズ07	これは誰のものですか？…………	70
フレーズ08	これは偽物ではありません。………	71
フレーズ09	これはいくらですか？……………	72
フレーズ10	一万ウォンです。…………………	73
フレーズ11	ビビンバください。………………	74
フレーズ12	まけてください。…………………	75
復習問題②…………………………………		76
なりきりミニ会話②…………………………		80
フレーズ13	私は買い物をします。……………	82
フレーズ14	昨日はおもしろかったです。………	83
フレーズ15	市場に行きます。…………………	84
フレーズ16	食べたいです。……………………	85
フレーズ17	買いたいのですが。………………	86

フレーズ18	帰りたくないです。	87
復習問題③		88
なりきりミニ会話③		92
コラム「韓国人は記念日好き？」		94

パート4　基本入れ替えフレーズ　CD2 Track01〜60

フレーズ19	ドラマが好きですか？	96
フレーズ20	ショッピングが好きです。	97
フレーズ21	そのドラマはおもしろいですか？	98
フレーズ22	とてもかわいいです。	99
フレーズ23	ちょっと辛いです。	100
フレーズ24	安くありません。	101
復習問題④		102
なりきりミニ会話④		106
フレーズ25	空席はありますか？	108
フレーズ26	喫煙席はありません。	109
フレーズ27	トイレはどこですか？	110
フレーズ28	あちら側にあります。	111
フレーズ29	いつ始まりますか？	112
フレーズ30	午後5時です。	113
復習問題⑤		114
なりきりミニ会話⑤		118
フレーズ31	見てもいいですか？	120
フレーズ32	撮影してもいいですよ。	121
フレーズ33	入ってはいけません。	122

フレーズ 34	両替ができますか？	123
フレーズ 35	宿泊できます。	124
フレーズ 36	取り消せません。	125
復習問題⑥		126
なりきりミニ会話⑥		130
フレーズ 37	どのように行けばいいですか？	132
フレーズ 38	どんな料理ですか？	133
フレーズ 39	どれがおいしいですか？	134
フレーズ 40	なぜないのですか？	135
フレーズ 41	このスカートどうですか？	136
フレーズ 42	どれくらい（時間が）かかりますか？	137
復習問題⑦		138
なりきりミニ会話⑦		142
コラム「韓国人は家族思い？」		144

パート5　いろいろ会話集　CD2 Track61〜67

趣味について	146
レストランで	148
旅館・ホテルで	150
市場・デパートで	152
バス・タクシーで	154
観光地で	156
トラブル	158

便利な日常単語

●朝・昼・晩

朝　アチㇺ　아침 
夜　バㇺ　밤
昼　ナッ　낮
夕方　チョニョㇰ　저녁

●曜日

日曜日　イリョイㇽ　일요일
月曜日　ウォリョイㇽ　월요일
火曜日　ファヨイㇽ　화요일
水曜日　スヨイㇽ　수요일
木曜日　モギョイㇽ　목요일
金曜日　クミョイㇽ　금요일
土曜日　トヨイㇽ　토요일

●家族

(父方の)祖父　ハラボジ　할아버지 
(父方の)祖母　ハㇽモニ　할머니
(母方の)祖父　ウェハラボジ　외할아버지 
(母方の)祖母　ウェハㇽモニ　외할머니

父　アボジ　아버지 
母　オモニ　어머니

※(弟からみて)兄　ヒョン　형

(妹からみて)兄　オッパ　오빠
(妹からみて)姉　オンニ　언니
私　ナ／チョ　나／저
弟　ナㇺドンセン　남동생
妹　ヨドンセン　여동생

(弟からみて)姉　ヌナ　누나

●数字

固有数詞　日本語の「ひとつ、ふたつ」にあたる固有数詞の数え方を覚えよう！

ハナ	トゥㇽ	セッ	ネッ	タソッ
하나	둘	셋	넷	다섯
1つ	2つ	3つ	4つ	5つ
ヨソッ	イㇽゴㇷ゚	ヨドㇽ	アホㇷ゚	ヨㇽ
여섯	일곱	여덟	아홉	열
6つ	7つ	8つ	9つ	10

固有数詞を組み合わせると 99 までの数字が言えます。

[例]　ヨㇽハナ　열하나　11　　ヨㇽトゥㇽ　열둘　12

漢数詞　年月日やお金を数えるときなどに使う漢数詞を覚えよう！

イㇽ	イー	サㇺ	サー	オー
일	이	삼	사	오
一	二	三	四	五
ユㇰ	チㇽ	パㇽ	ク	シㇷ゚
육	칠	팔	구	십
六	七	八	九	十
イーシㇷ゚	サㇺシㇷ゚	サーシㇷ゚	オーシㇷ゚	ユㇰシㇷ゚
이십	삼십	사십	오십	육십
二十	三十	四十	五十	六十
チㇽシㇷ゚	パㇽシㇷ゚	クシㇷ゚	ペㇰ	チョン
칠십	팔십	구십	백	천
七十	八十	九十	百	千

漢数詞を組み合わせると大きい数字も言えます。

[例]　ペㇰオーシㇷ゚　백오십　百五十　　サㇺチョン　삼천　三千

反切表（ハングル一覧表）

縦軸の母音字と、横軸の子音字の組み合わせでできる文字をまとめた一覧表です。

	基本子音 ㄱ k	ㄴ n	ㄷ t	ㄹ r	ㅁ m	ㅂ p	ㅅ s	ㅇ 無音	ㅈ ch	激音 ㅊ ch	ㅋ kh	ㅌ th	ㅍ ph	ㅎ h	濃音 ㄲ kk	ㄸ tt	ㅃ pp	ㅆ ss	ㅉ tch		ㅇ 無音
ㅏ a	가 ka カ	나 na ナ	다 ta タ	라 ra ラ	마 ma マ	바 pa パ	사 sa サ	아 a ア	자 cha チャ	차 cha チャ	카 kha カ	타 tha タ	파 pha パ	하 ha ハ	까 kka ッカ	따 tta ッタ	빠 ppa ッパ	싸 ssa ッサ	짜 tcha ッチャ	ㅐ e	애 e エ
ㅑ ya	갸 kya キャ	냐 nya ニャ	댜 tya ティャ	랴 rya リャ	먀 mya ミャ	뱌 pya ピャ	샤 sya シャ	야 ya ヤ	쟈 chya チャ	챠 chya チャ	캬 khya キャ	탸 thya ティャ	퍄 phya ピャ	햐 hya ヒャ	꺄 kkya ッキャ	땨 ttya ッティャ	뺘 ppya ッピャ	쌰 ssya ッシャ	쨔 tchya ッチャ	ㅒ ye	얘 ye イェ
ㅓ o	거 ko コ	너 no ノ	더 to ト	러 ro ロ	머 mo モ	버 po ポ	서 so ソ	어 o オ	저 cho チョ	처 cho チョ	커 kho コ	터 tho ト	퍼 pho ポ	허 ho ホ	꺼 kko ッコ	떠 tto ット	뻐 ppo ッポ	써 sso ッソ	쩌 tcho ッチョ	ㅔ e	에 e エ
ㅕ yo	겨 kyo キョ	녀 nyo ニョ	뎌 tyo ティョ	려 ryo リョ	며 myo ミョ	벼 pyo ピョ	셔 syo ショ	여 yo ヨ	져 chyo チョ	쳐 chyo チョ	켜 khyo キョ	텨 thyo ティョ	펴 phyo ピョ	혀 hyo ヒョ	껴 kkyo ッキョ	뗘 ttyo ッティョ	뼈 ppyo ッピョ	쎠 ssyo ッショ	쪄 tchyo ッチョ	ㅖ ye	예 ye イェ
ㅗ o	고 ko コ	노 no ノ	도 to ト	로 ro ロ	모 mo モ	보 po ポ	소 so ソ	오 o オ	조 cho チョ	초 cho チョ	코 kho コ	토 tho ト	포 pho ポ	호 ho ホ	꼬 kko ッコ	또 tto ット	뽀 ppo ッポ	쏘 sso ッソ	쪼 tcho ッチョ	ㅘ wa	와 wa ワ
ㅛ yo	교 kyo キョ	뇨 nyo ニョ	됴 tyo ティョ	료 ryo リョ	묘 myo ミョ	뵤 pyo ピョ	쇼 syo ショ	요 yo ヨ	죠 chyo チョ	쵸 chyo チョ	쿄 khyo キョ	툐 thyo ティョ	표 phyo ピョ	효 hyo ヒョ	꾜 kkyo ッキョ	뚀 ttyo ッティョ	뾰 ppyo ッピョ	쑈 ssyo ッショ	쬬 tchyo ッチョ	ㅙ we	왜 we ウェ
ㅜ u	구 ku ク	누 nu ヌ	두 tu トゥ	루 ru ル	무 mu ム	부 pu プ	수 su ス	우 u ウ	주 chu チュ	추 chu チュ	쿠 khu ク	투 thu トゥ	푸 phu プ	후 hu フ	꾸 kku ック	뚜 ttu ットゥ	뿌 ppu ップ	쑤 ssu ッス	쭈 tchu ッチュ	ㅚ we	외 we ウェ
ㅠ yu	규 kyu キュ	뉴 nyu ニュ	듀 tyu ティュ	류 ryu リュ	뮤 myu ミュ	뷰 pyu ピュ	슈 syu シュ	유 yu ユ	쥬 chyu チュ	츄 chyu チュ	큐 khyu キュ	튜 thyu ティュ	퓨 phyu ピュ	휴 hyu ヒュ	뀨 kkyu ッキュ	뜌 ttyu ッティュ	쀼 ppyu ッピュ	쓔 ssyu ッシュ	쮸 tchyu ッチュ	ㅝ wo	워 wo ウォ
ㅡ u	그 ku ク	느 nu ヌ	드 tu トゥ	르 ru ル	므 mu ム	브 pu プ	스 su ス	으 u ウ	즈 chu チュ	츠 chu チュ	크 khu ク	트 thu トゥ	프 phu プ	흐 hu フ	끄 kku ック	뜨 ttu ットゥ	쁘 ppu ップ	쓰 ssu ッス	쯔 tchu ッチュ	ㅞ we	웨 we ウェ
ㅣ i	기 ki キ	니 ni ニ	디 ti ティ	리 ri リ	미 mi ミ	비 pi ピ	시 si シ	이 i イ	지 chi チ	치 chi チ	키 khi キ	티 thi ティ	피 phi ピ	히 hi ヒ	끼 kki ッキ	띠 tti ッティ	삐 ppi ッピ	씨 ssi ッシ	찌 tchi ッチ	ㅟ wi	위 wi ウィ
																				ㅢ wi	의 wi ウィ

パート 1

ハングルの基本

韓国語と日本語。文字はまったく異なりますが、文法的にはとてもよく似ています。ここでは、文法の概要やハングルの発音・読み方などをみてみましょう。

韓国語文法のポイント

語順は日本語と同じ！

　日本語と韓国語はよく似ているといわれます。その中でも最も大きな特徴が、語順の共通性でしょう。ごく一部を除いて、語順はほぼ同じです。
　日本語のイメージで文章を組み立て、そのまま単語を置き換えていくだけで韓国語の文章が作れます。韓国語を日本語に訳すときも、頭から訳していけばいいので便利です。

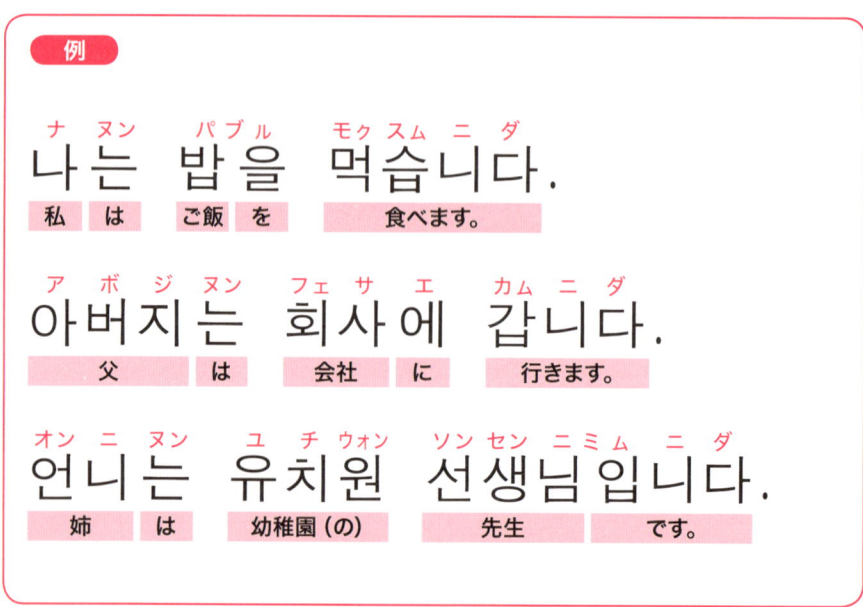

●文章が長くても同じ

　語順の共通性は短文だけでなく、長い文章でも同じです。文章が長くなってもあわてずに、落ち着いて最初から訳していけば理解できます。

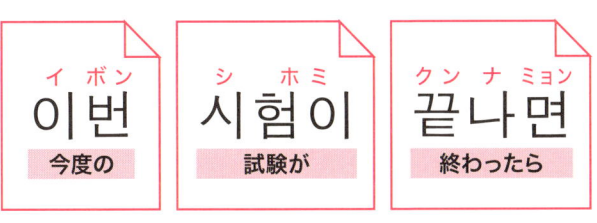

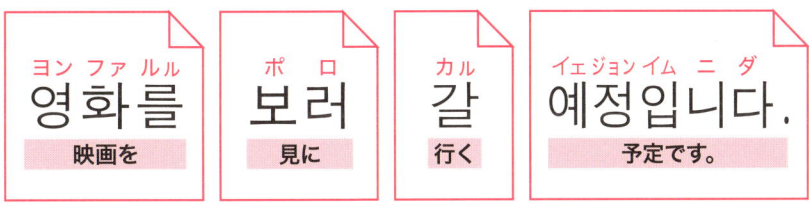

※よく似ているとはいっても、もちろん例外もあります。たとえば「もうひとつ」という表現は「하나 더（ひとつもう）」になり、「もう1本」も「한 자루 더（1本もう）」になります。

韓国語にも漢字が入っている！

　韓国語を学ぶうえで大きな助けになるのが、漢字の知識です。韓国語の読み書きには主にハングルが使われますが、もともとは漢語である漢字語という単語が少なくありません。

　多くの漢字熟語は日本語と共通の意味で使われ、発音も似ているので、漢字の知識を頼りにして単語を覚えることもできます。

読み方の似ている漢字語の例

トシ 도시 = 都市	チリ 지리 = 地理	ムリ 무리 = 無理
パクス 박수 = 拍手	アクス 악수 = 握手	ケソク 계속 = 継続
キョグァソ 교과서 = 教科書	ヤグソンス 야구선수 = 野球選手	コソクトロ 고속도로 = 高速道路

●漢字語は組み替えても使える

　漢字語の便利な点は、漢字を組み替えることによって、どんどん別の単語を作れることです。知らない単語でも、日本語の知識をもとに推測で作ることができます。

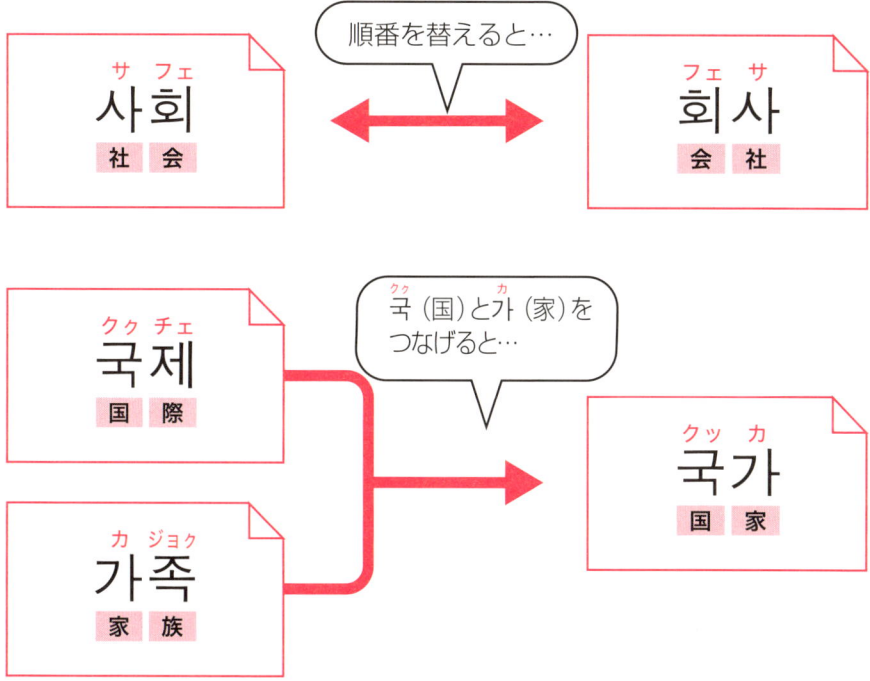

●漢字の読み方はほとんどひとつ

　日本語の場合は音読み、訓読みなど、ひとつの漢字に複数の読み方がありますが、韓国語ではごく一部を除き、ほとんどの漢字がひとつの読み方しかありません。

　複数の読み方がある漢字の例

金…김, 금　　楽…악, 락 (낙)

POINT ❸
「てにをは」の使い方もそっくり！

　韓国語でも単語と単語をつなぐ言葉として助詞を使います。この助詞の使い方も日本語とよく似ていて、「て、に、を、は」に相当するような助詞が存在します。日本語と韓国語は語順がほぼ同じなので、単語を置き換えていくだけで文章が作れますが、それは助詞でも同じことです。

例

나는 젓가락으로 밥을 먹습니다.
ナヌン チョッカラグロ パブル モクスムニダ
私 は 箸 で ご飯 を 食べます。

오늘은 집에서 요리를 합니다.
オヌルン チベソ ヨリルル ハムニダ
今日 は 家 で 料理 を します。

친구에게 편지를 보냈습니다.
チングエゲ ピョンジルル ポネッスムニダ
友達 に 手紙 を 送りました。

●よく使われる助詞

가 / 이 〜が	는 / 은 〜は	를 / 을 〜を
에 〜(物・場所)に	에게 〜(人・動物)に	에서 〜で、〜から
와 / 과 〜と	도 〜も	로 / 으로 〜で、〜へ

※2種類あるものは前にくる単語の形によって使い分けます。

●日本語と使われ方の異なる助詞

　助詞の使われ方は、日本語と完全に共通する訳ではありません。例外があることに注意してください。

버스를 탑니다.
バスを(に) 乗ります。

여행을 좋아해요?
旅行を(が) 好きですか？

用言の活用がある！

　韓国語でも日本語のように用言（動詞、形容詞など述語になる品詞）を変化させて活用します。用言の原形はすべて「語幹＋다(タ)」の形になっていて、辞書にもこの形式で記載されています。

●いろいろな用言の語幹

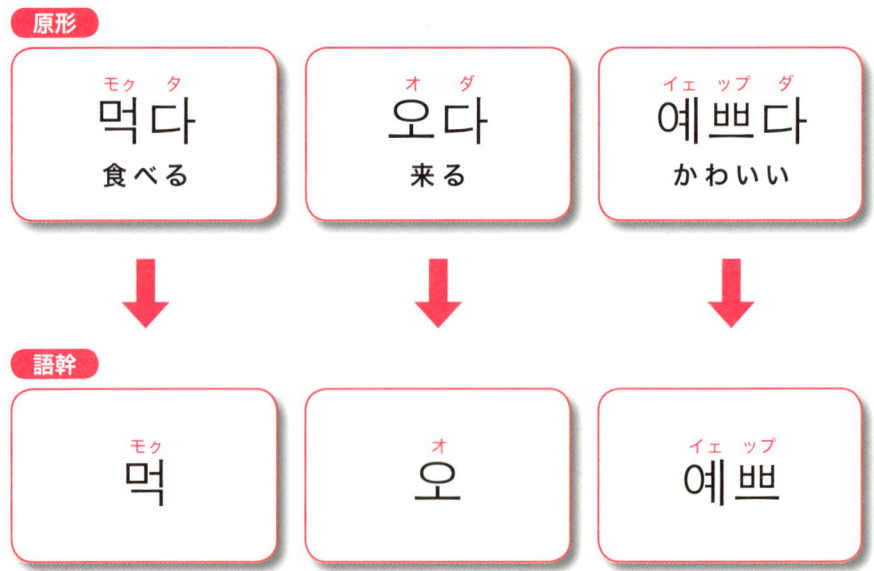

※用言の原形から語尾の다(タ)を取ったものが語幹になります。用言を活用する場合はこの다(タ)を外し、さまざまな活用語尾を付け加えていきます。語幹にさまざまな活用語尾を付けることで、豊かな表現を生み出すことができます。

●用言の活用の例

가다（行く）

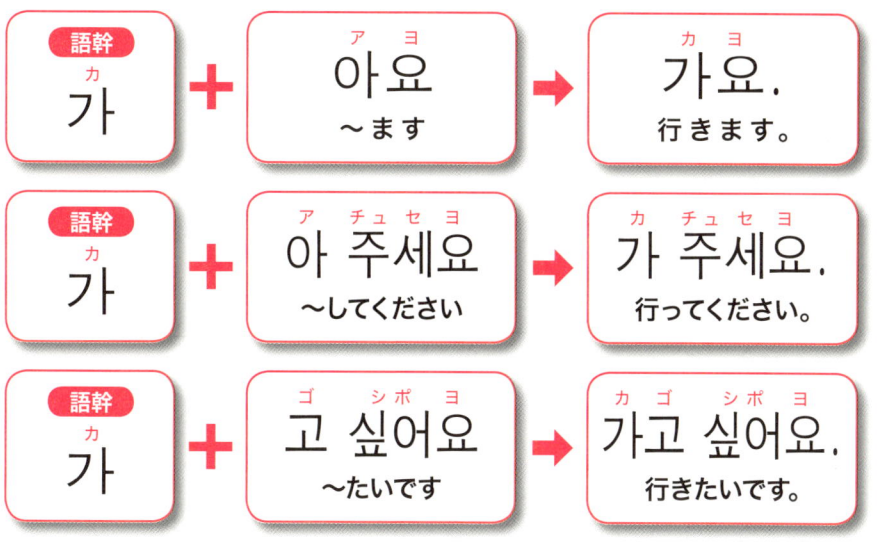

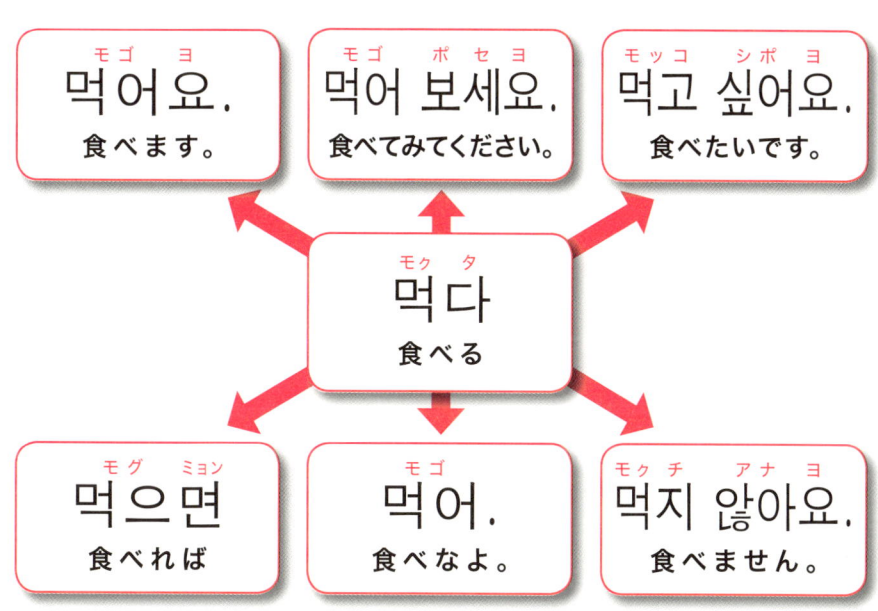

POINT ❺ 丁寧語やぞんざい語がある！

　日本語に丁寧語があるように、韓国語も使う言葉や語尾によって丁寧な表現になったり、親しみのこもったくだけた表現になったりします。丁寧度を表す代表的な語尾の形式には3種類があり、かしこまった丁寧形の「ハムニダ体」、やわらかい表現の「ヘヨ体」、親しい友人どうしや年下の人に使う「ヘ体」に分けられます。

ハムニダ体（チョンデンマル）
最もかしこまった表現で、目上の人やあらたまった場面で使います。

例
　　좋아합니다．
　　　チョ ア ハム ニ ダ
　　好きです。

ヘヨ体（チョンデンマル）
ハムニダ体よりもやわらかい表現の丁寧語です。語尾は「〜ヨ」となります。

例
　　좋아해요．
　　　チョ ア ヘ ヨ
　　好きです。

ヘ体（パンマル）
親しい間柄で使われます。ヘヨ体から「ヨ」を取るとヘ体になります。

例
　　좋아해．
　　　チョ ア ヘ
　　好きだよ。

●チョンデンマル（丁寧語）とパンマル（ぞんざい語）

　韓国人は、初めて会った人にもすぐ年齢を尋ねます。これは相手の年齢を確認することで、自分の使う言葉を決めなければならないからです。
　相手が年上なら「ハムニダ体」や「ヘヨ体」の丁寧語（チョンデンマル）を使うのが礼儀で、相手が同い年か年下で近しい間柄なら「ヘ体」のくだけた表現（パンマル）を使うのが自然です。

ケース1
相手が年上か、目上の場合

ケース2
親しい相手で同い年か、年下の場合

※年齢が同じでも親しくなるまでは、丁寧語で話します。仕事上での関係では、相手が年下であっても丁寧語で話すほうが自然です。

POINT ⑥

CD 1 Track 06

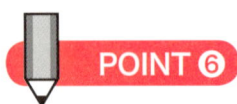

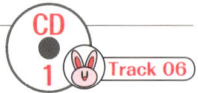

敬語表現がある！

韓国には儒教の精神が根強く残っており、目上の人に対しては敬意を払うのが普通です。言葉も通常の丁寧語だけでなく、より丁寧な敬語表現も存在します。

用言の語幹に시(シ)をつけて敬意を表す場合や、単語そのものが変わる場合など、それぞれ使い分けなければならないので、注意が必要です。

敬語表現の例

오다(オダ) 来る	→	오시다(オシダ) いらっしゃる
자다(チャダ) 寝る	→	주무시다(チュムシダ) お休みになる
아버지(アボジ) 父	→	아버님(アボニム) お父様

●韓国語の敬語は「絶対敬語」

韓国語の敬語の特徴は、「絶対敬語」を使うことです。本人に向かって話す場合も、身内のことを外部の人に話すときも、主語になる人物が自分より目上の場合は、敬語表現を用いて話します。日本語とは感覚が違うので、この点は注意しなければなりません。

チョイ　ア　ボ　ニムン　キョ　サ　イ　シ　ム　ニ　ダ
저희 아버님은 교사이십니다.
直訳：私たちのお父様は教師でいらっしゃいます。

ケース1
父母など、年上の身内を他人に紹介する場合

プ　ジャンニム　ケ　ソ　ヌン　チ　グム　アン　ゲ　シ　ム　ニ　ダ
부장님께서는 지금 안 계십니다.
直訳：部長様は、ただいまいらっしゃいません。

ケース2
上司のことを、取引先など他社の人に話す場合

ハングル（文字）のポイント

ハングルの構造は
ローマ字に似ている

　韓国で使われる固有の文字を「ハングル」と呼びます。このハングルは表音文字で、ひとつひとつの文字に意味はありません。ハングルは21個の母音と19個の子音の組み合わせで成り立ち、その構造はローマ字に似ています。ハングルは、大きく「子音のパーツ＋母音のパーツ」「子音のパーツ＋母音のパーツ＋子音のパーツ」の2パターンに分類されます。

●**ハングルの仕組み**

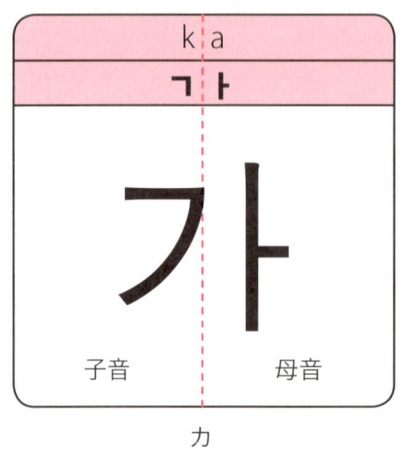

※가という文字はkの音を表す子音字ㄱと、aの音を表す母音字ㅏが組み合わさってできています。

●ハングルの成り立ち

ハングルは15世紀半ばに作られた文字です。それまでは、もっぱら中国から伝わった漢字が使われていましたが、一般の人びとには浸透していませんでした。広く一般の人びとにも文字が扱えるようにと、朝鮮王朝第4代の王様・世宗大王が学者たちに命じ、作り上げたのがハングルです。

ハングルは舌、唇などの発音器官の形をモチーフとして作られているため、覚え始めの段階では文字を学習するうえでのよいヒントになります。

パート1 ハングルの基本

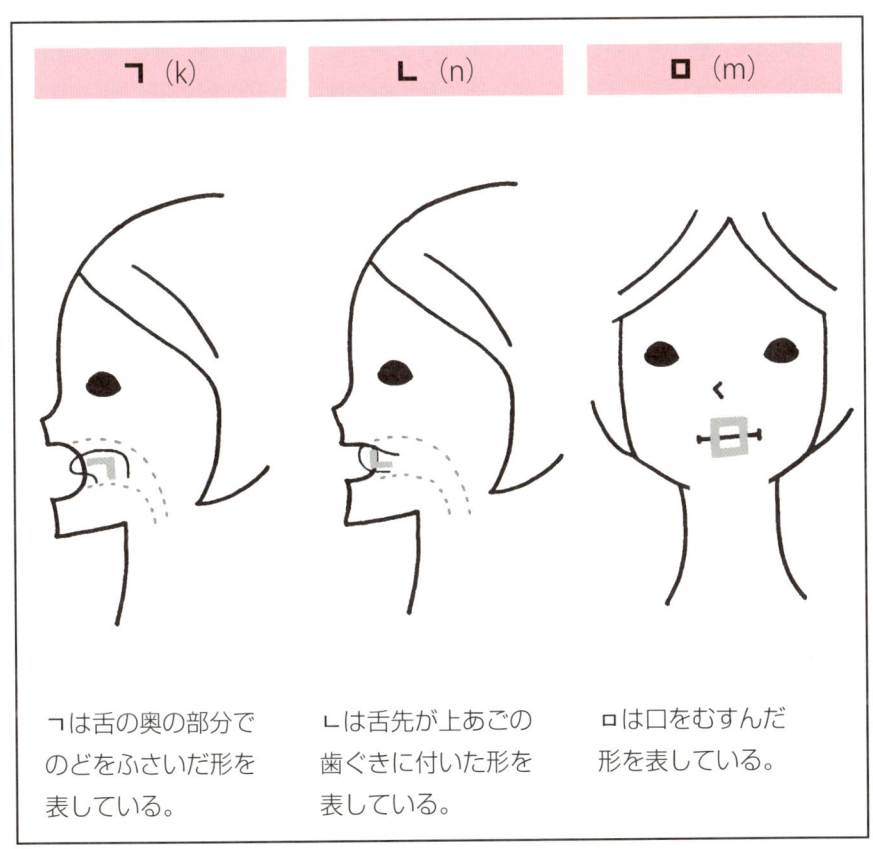

ㄱは舌の奥の部分でのどをふさいだ形を表している。

ㄴは舌先が上あごの歯ぐきに付いた形を表している。

ㅁは口をむすんだ形を表している。

「子音＋母音」で成り立つ文字の構造

　ハングルの形式で最も基本的なものが、ひとつの子音と、ひとつの母音で成り立つものです。このタイプの文字を構成する形式は2種類あり、ひとつは左に子音、右に母音がくる形式で、もうひとつは上に子音、下に母音がくる形式です。この2つの形式は、母音の種類によって決められています。

가 (ka)

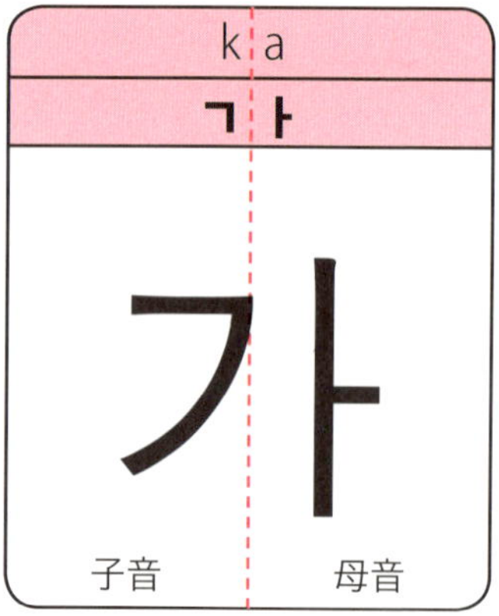

k	a
ㄱ	ㅏ

가

子音　　母音

カ

左に子音、右に母音がくる形式。基本母音ではㅏ, ㅑ, ㅓ, ㅕ, ㅣの5種類が該当する。

고 (ko)

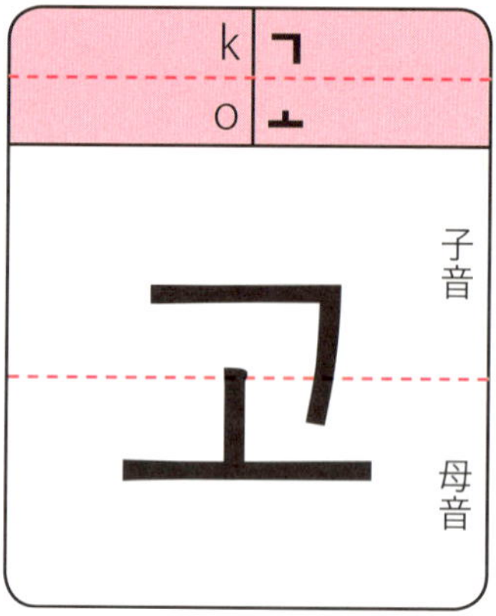

k	ㄱ
o	ㅗ

고

子音

母音

コ

上に子音、下に母音がくる形式。基本母音ではㅗ, ㅛ, ㅜ, ㅠ, ㅡの5種類が該当する。

POINT ❸

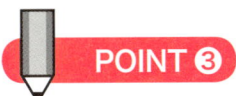

「子音＋母音＋子音」で成り立つ文字の構造

韓国語には、子音で終わる文字というものがあります。前のページで学んだ「子音＋母音」の形式に、さらにもうひとつ子音が付け加わる形です。この最後に付け加わる子音を終声、または「パッチム（“下から支えるもの”の意）」と呼びます。その名のとおり「子音＋母音」の形式の下にもぐりこむ形で文字が構成されます。

각（kak）	곡（kok）

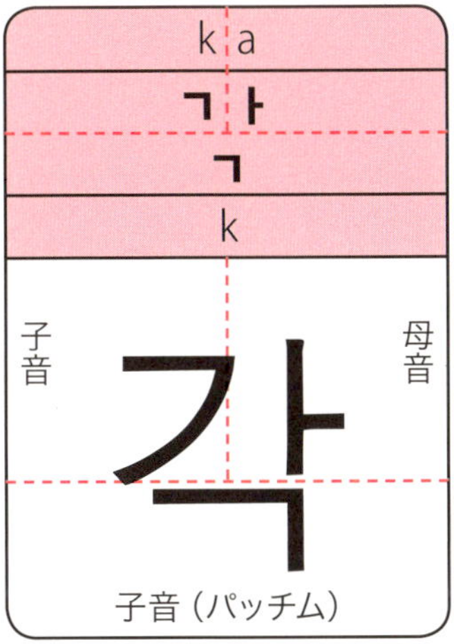
k a
ㄱ ㅏ
ㄱ
k
子音
母音
각
子音（パッチム）

カㇰ

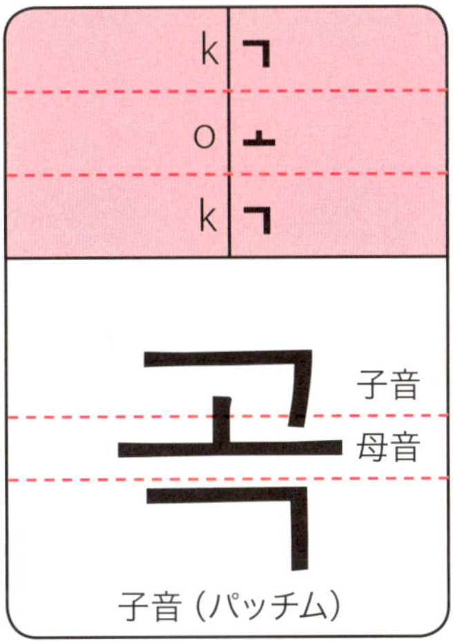
k ㄱ
o ㅗ
k ㄱ
곡
子音
母音
子音（パッチム）

コㇰ

※子音で終わる発音は、日本語では表しにくいです。각（カク）は格好という単語の「かっ」で止める感じ。곡（コク）は骨格の「こっ」で止めるような発音になります。

POINT ❹

CD 1 Track 07

基本母音〔10個〕の発音と書き方

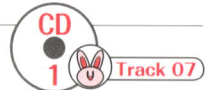

韓国語の基本母音は全部で10個あります。日本語にない音もあるので、反復練習して覚えてください。基本母音の中にはㅑ（ya）のように、「y」の音が先行するものもあります。日本語の感覚では子音の仲間にも思えますが、韓国語では子音と組み合わさり

ㄱ（k）＋ㅑ（ya）➡갸（kya）　　ㄱ（k）＋ㅛ（yo）➡교（kyo）

のように文字を作ります。

なお、子音の位置に置かれているㅇは音がなく、母音だけの文字を表すときに使われます。

ア 아 ㅇ ㅏ 無音 a	日本語の「ア」とほぼ同じ。	ヤ 야 ㅇ ㅑ 無音 ya	日本語の「ヤ」とほぼ同じ。
オ 어 ㅇ ㅓ 無音 o	口を大きく開け、のどを開く「オ」。	ヨ 여 ㅇ ㅕ 無音 yo	口を大きく開け、のどを開く「ヨ」。

オ 오 無音 ㅇ o ㅗ	唇を丸くすぼめる「オ」。	**ヨ** 요 無音 ㅇ yo ㅛ	唇を丸くすぼめる「ヨ」。
ウ 우 無音 ㅇ u ㅜ	唇を丸く突き出す「ウ」。	**ユ** 유 無音 ㅇ yu ㅠ	唇を丸く突き出す「ユ」。
ウ 으 無音 ㅇ u ㅡ	唇を横に引く「ウ」。	**イ** 이 ㅇ ㅣ 無音 i	唇を横に引く「イ」。

パート1　ハングルの基本

基本母音の書き取り練習

前ページで学んだ基本母音を、書いてみてください。

한글	よみ		
아	ア (a)	아	아
야	ヤ (ya)	야	야
어	オ (o)	어	어
여	ヨ (yo)	여	여
오	オ (o)	오	오
요	ヨ (yo)	요	요
우	ウ (u)	우	우
유	ユ (yu)	유	유
으	ウ (u)	으	으
이	イ (i)	이	이

単語を聴きながら書いてみよう

基本母音を含む単語です。CDを聴きながら書いてみましょう。

オ イ
오이
(oi)
きゅうり

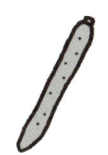 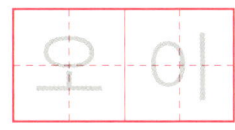 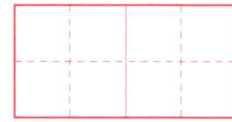

ウ ユ
우유
(uyu)
牛乳

 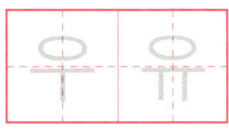 

ヨ ウ
여우
(you)
キツネ

ア イ
아이
(ai)
子ども

 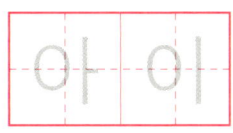 

イ ユ
이유
(iyu)
理由

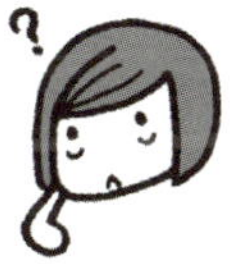

 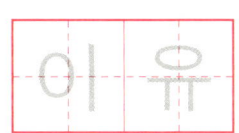 

POINT ❺
基本子音〔9個〕の発音と書き方

　韓国語の基本子音は全部で9個あります。子音の位置にある ㅇ は音がなく、母音だけの音を表記する場合に使われます。ただし、終声（パッチム）として使われる場合は「ン（ng）」の音になります。

　基本子音の中で ㄱ（k）、ㄷ（t）、ㅂ（p）、ㅈ（ch）の4個については、語中では普通、濁って発音されます。それぞれ ㄱ（g）、ㄷ（d）、ㅂ（b）、ㅈ（j）と発音されるので、注意してください。ここでは、母音の ㅏ を付けた形で基本子音の発音を覚えましょう。

カ 가 ㄱㅏ k a	日本語の「か行」の「k」の音。語中では濁って「g」の音に変わる。	ナ 나 ㄴㅏ n a	日本語の「な行」の「n」の音。
タ 다 ㄷㅏ t a	日本語の「た行」の「t」の音。語中では濁って「d」の音に変わる。	ラ 라 ㄹㅏ r a	日本語の「ら行」の「r」の音。ㄹが終声として使われるときは「l」の音。

マ **마** ㅁㅏ m a	日本語の「ま行」の「m」の音。	**パ** **바** ㅂㅏ p a	日本語の「ぱ行」の「p」の音。語中では濁って「b」の音に変わる。
サ **사** ㅅㅏ s a	日本語の「さ行」の「s」の音。後ろに「や行」の音がきたときは「しゃ行」の「sh」の音。	**ア** **아** ㅇㅏ 無音 a	母音だけを表記する場合に用いる音のない子音。終声では「ng」の音。
チャ **자** ㅈㅏ ch a	日本語の「ちゃ行」の「ch」の音。語中では濁って「じゃ行」の「j」の音。		

パート1　ハングルの基本

33

基本子音の書き取り練習

前ページで学んだ基本子音を、書いてみてください。

가 カ (ka)	가	가						
나 ナ (na)	나	나						
다 タ (ta)	다	다						
라 ラ (ra)	라	라						
마 マ (ma)	마	마						
바 パ (pa)	바	바						
사 サ (sa)	사	사						
아 ア (a)	아	아						
자 チャ (cha)	자	자						

単語を聴きながら書いてみよう

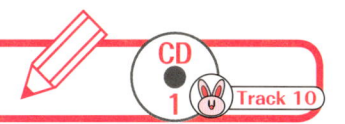

Track 10

基本子音を含む単語です。CDを聴きながら書いてみましょう。

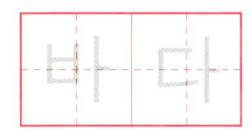

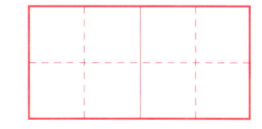

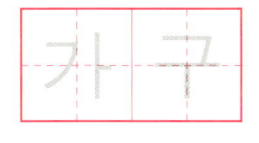

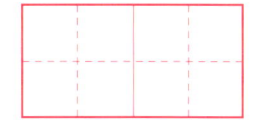

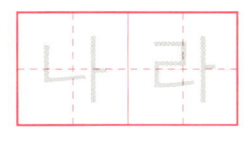

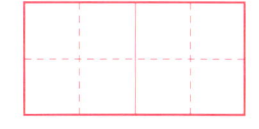

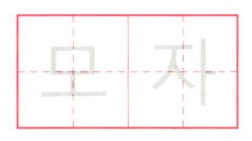

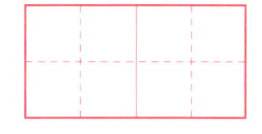

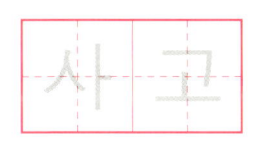

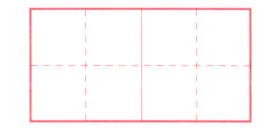

바다 (pada) — 海
パ ダ

가구 (kagu) — 家具
カ グ

나라 (nara) — 国
ナ ラ

모자 (moja) — 帽子
モ ジャ

사고 (sago) — 事故
サー ゴ

パート1　ハングルの基本

POINT ❻
激音〔5個〕、濃音〔5個〕の発音と書き方

　韓国語の子音には、強く発音する音と、息を吐かずに苦しくもれる感じで発音する音があります。どちらも基本子音から派生した子音で、それぞれ激音、濃音と呼ばれ5個ずつあります。ここでは、母音の ㅏ を付けた形で覚えましょう。正確に発音するには練習が必要ですが、文字自体はよく似ているので、覚えやすいでしょう。

激音　息を激しく吐きながら発音する音

チャ 차 ㅊㅏ ch a	息を激しく吐きながら発音する「ちゃ行」の「ch」の音。	**カ** 카 ㅋㅏ kh a	息を激しく吐きながら発音する「か行」の「k」の音。
タ 타 ㅌㅏ th a	息を激しく吐きながら発音する「た行」の「t」の音。	**パ** 파 ㅍㅏ ph a	息を激しく吐きながら発音する「ぱ行」の「p」の音。
ハ 하 ㅎㅏ h a	息をやや強く吐き出す「は行」の「h」の音。		

濃音　息を吐かずに苦しく発音する音

ッカ **까** ㄱㅏ kk a	息を吐かずに発音する「か行」の「k」の音。「はっか」の「っか」のような「k」の音。	ッタ **따** ㄸㅏ tt a	息を吐かずに発音する「た行」の「t」の音。「しまった」の「った」のような「t」の音。
ッパ **빠** ㅃㅏ pp a	息を吐かずに発音する「ぱ行」の「p」の音。「すっぱい」の「っぱ」のような「p」の音。	ッサ **싸** ㅆㅏ ss a	息を吐かずに発音する「さ行」の「s」の音。「どっさり」の「っさ」のような「s」の音。
ッチャ **짜** ㅉㅏ tch a	息を吐かずに発音する「ちゃ行」の「tch」の音。「まっちゃ」の「っちゃ」のような「tch」の音。		

パート1　ハングルの基本

激音、濃音の書き取り練習

前ページで学んだ激音と濃音を、書いてみてください。

차	チャ (cha)	차	차					
카	カ (kha)	카	카					
타	タ (tha)	타	타					
파	パ (pha)	파	파					
하	ハ (ha)	하	하					
까	ッカ (kka)	까	까					
따	ッタ (tta)	따	따					
빠	ッパ (ppa)	빠	빠					
싸	ッサ (ssa)	싸	싸					
짜	ッチャ (tcha)	짜	짜					

単語を聴きながら書いてみよう

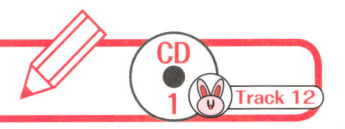

Track 12

激音、濃音を含む単語です。CDを聴きながら書いてみましょう。

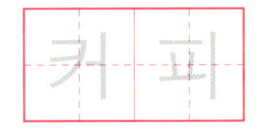

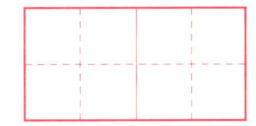

コピ
커피
(khophi)
コーヒー

ッカチ
까치
(kkachi)
カササギ

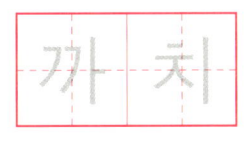

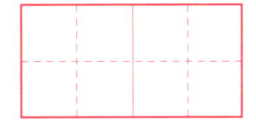

ヒ トゥ
히트
(hithu)
ヒット

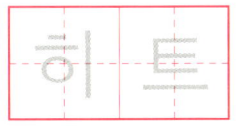

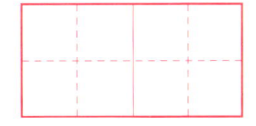

カ ッチャ
가짜
(katcha)
偽物

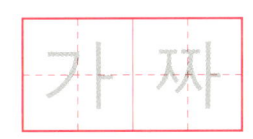

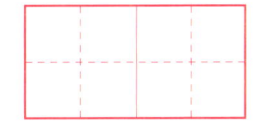

オ ッパ
오빠
(oppa)
(女性から見た)
お兄さん

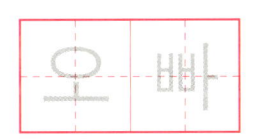

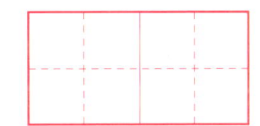

パート1 ハングルの基本

39

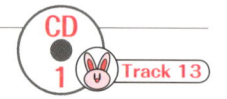

POINT ❼
合成母音〔11個〕の発音と書き方

CD 1 Track 13

　韓国語には、基本母音とは別に「合成母音」というものがあります。10個の基本母音と、11個の合成母音があるので、韓国語の母音は合わせて21個になります。合成母音は基本母音を組み合わせた形になっていますが、読み方は単純に合成されているわけではありません。

　また、26～27ページで学んだハングルの基本的な形式とは異なり、子音の下と右の両方に母音が入っている文字があります。書き取り練習をしながら、ひとつひとつの文字を覚えてください。

エ 애 ㅇㅐ 無音 e	唇を横に引く「エ」の音。	イェ 얘 ㅇㅒ 無音 ye	唇を横に引く「イェ」の音。
エ 에 ㅇㅔ 無音 e	日本語の「エ」とほぼ同じ。	イェ 예 ㅇㅖ 無音 ye	日本語の「イェ」とほぼ同じ。

ワ **와** ㅇㅘ 無音 wa	唇を丸く突き出した格好からの「ワ」とほぼ同じ。	**ウェ** **왜** ㅇㅙ 無音 we	唇を丸く突き出した格好から右側のㅐを発音する。
ウェ **외** ㅇㅚ 無音 we	唇を丸く突き出した格好からの「ウェ」とほぼ同じ。下の웨と同じ発音。	**ウォ** **워** ㅇㅝ 無音 wo	唇を丸く突き出した格好からの「ウォ」とほぼ同じ。
ウェ **웨** ㅇㅞ 無音 we	唇を丸く突き出した格好からの「ウェ」とほぼ同じ。上の외と同じ発音。	**ウィ** **위** ㅇㅟ 無音 wi	唇を丸く突き出した格好からの「ウィ」の音。
ウィ **의** ㅇㅢ 無音 wi	唇を横に引く「ウィ」の音。		

パート1　ハングルの基本

合成母音の書き取り練習

前ページで学んだ合成母音を、書いてみてください。

애	エ (e)	애	애
얘	イェ (ye)	얘	얘
에	エ (e)	에	에
예	イェ (ye)	예	예
와	ワ (wa)	와	와
왜	ウェ (we)	왜	왜
외	ウェ (we)	외	외
워	ウォ (wo)	워	워
웨	ウェ (we)	웨	웨
위	ウィ (wi)	위	위
의	ウィ (wi)	의	의

単語を聴きながら書いてみよう

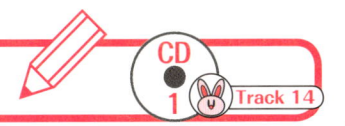

合成母音を含む単語です。CDを聴きながら書いてみましょう。

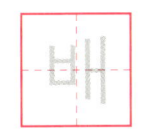

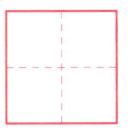

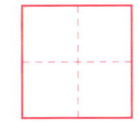

배 (pe)
ナシ

예 (ye)
「(返事の)はい」

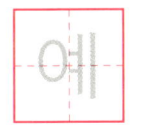

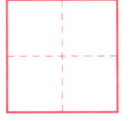

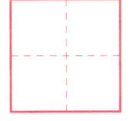

돼지 (tweji)
豚

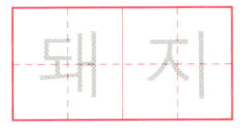

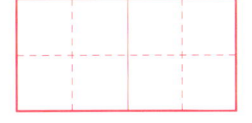

사과 (sagwa)
リンゴ

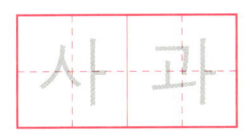

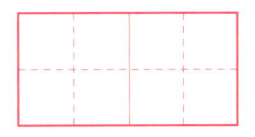

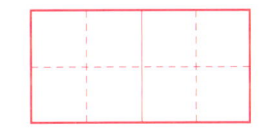

의자 (wija)
いす

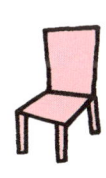

POINT ❽
パッチムの発音と書き方

27ページで学んだように、韓国語にはパッチム（終声）と呼ばれる、文字の最後に付く子音があります。基本的にはその子音で止めるように発音すればよいのですが、中には、次にくる子音によって発音が変わるものもあります。

パッチムの発音は、大きく3つのグループに分けられます。

「っ」の音　ㄱ (k)、ㄷ (t)、ㅂ (p)

➡促音「っ」のような詰まった音になります。

「る」の音　ㄹ (l)

➡舌先を自然に上げ、上あごに強く付けてそのまま維持して発音します。

「ん」の音　ㅇ (ng)、ㄴ (n)、ㅁ (m)

➡息が鼻から出て、ひびく鼻音です。

●パッチムの発音一覧

　パッチムの発音をまとめました。似たような発音でも、それぞれ異なるので注意してください。

カク(kak) **각** 子音 ㄱ ㅏ 母音 / ㄱ 子音	「格好」と発音するときの「カッ」とほぼ同じ。	カン(kan) **간** 子音 ㄱ ㅏ 母音 / ㄴ 子音	「堪忍」と発音するときの「カン」とほぼ同じ。
カッ(kat) **갇** 子音 ㄱ ㅏ 母音 / ㄷ 子音	「勝った」と発音するときの「カッ」とほぼ同じ。	カル(kal) **갈** 子音 ㄱ ㅏ 母音 / ㄹ 子音	「カル」の「ル」を完全に発音せず舌を上あごに付けたまま止める。
カム(kam) **감** 子音 ㄱ ㅏ 母音 / ㅁ 子音	「感銘」と発音するときの「カン」とほぼ同じ。	カプ(kap) **갑** 子音 ㄱ ㅏ 母音 / ㅂ 子音	「カッパ」と発音するときの「カッ」とほぼ同じ。
カッ(kat) **갓** 子音 ㄱ ㅏ 母音 / ㅅ 子音	갇(kat)と同じ。パッチムの文字はㅅ(s)ですが、発音はㄷ(t)になります。	カン(kang) **강** 子音 ㄱ ㅏ 母音 / ㅇ 子音	「歓迎」と発音するときの「カン」とほぼ同じ。
カッ(kat) **갖** 子音 ㄱ ㅏ 母音 / ㅈ 子音	갇(kat)と同じ。パッチムの文字はㅈ(ch)ですが、発音はㄷ(t)になります。		

発音練習しよう！ パッチムの発音

パッチムのある文字を含む単語をまとめました。実際に発音してみてください。

マル 말 (mal) 馬	パプ 밥 (pap) ご飯	カム 감 (kam) カキ	サン 산 (san) 山
ペク 백 (pek) 百	スッ 숯 (sut) 炭	チャッ 잣 (chat) 松の実	ワン 왕 (wang) 王様
キムチ 김치 (kimchi) キムチ	カルビ 갈비 (kalbi) カルビ	チェク サン 책상 (cheksang) 机	チャン ガプ 장갑 (changgap) 手袋
タッ タ 닫다 (tatta) 閉める	ヨン ピル 연필 (yonphil) 鉛筆	ハク セン 학생 (hakseng) 学生	カム ドン 감동 (kamdong) 感動

発音練習しよう！　激音、濃音の発音

激音、濃音を含む単語をまとめました。実際に発音してみてください。

パート1　ハングルの基本

パ 파 (pha) ネギ	コ 코 (kho) 鼻	チャ 차 (cha) お茶	ッシ 씨 (ssi) 種
ヘ 해 (he) 太陽	ッテ 때 (tte) 時	ッケ 깨 (kke) ゴマ	ッピョ 뼈 (ppyo) 骨
ポル ックル 벌꿀 (polkkul) はちみつ	ッパル リ 빨리 (ppalli) 速く	ポク ポ 폭포 (phokpho) 滝	チュィ ミ 취미 (chwimi) 趣味
チャプ ッサル 찹쌀 (chapssal) もち米	チョ ク 초크 (chokhu) チョーク	ッチン ッパン 찐빵 (tchinppang) 蒸しパン	ットゥ ッコン 뚜껑 (ttukkong) ふた

発音練習しよう！　連音

CD1 Track 18

　単語の中のパッチムを発音するとき、次に母音がくることがあります。その場合はパッチムが、次の母音と結合し、リエゾン（連音）して発音されます。韓国語を滑らかに発音するには、絶対に欠かせない発音規則なので、ぜひ覚えてください。

連音の例

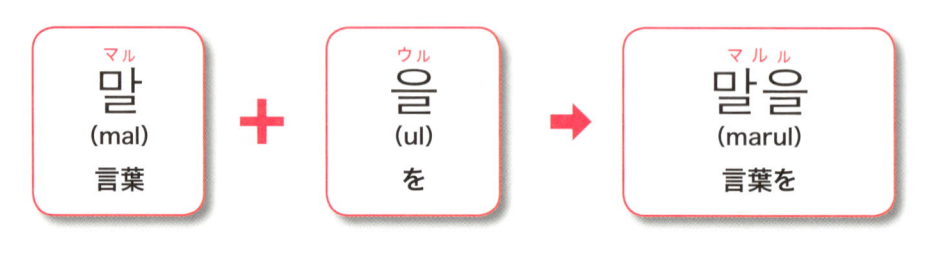

マル
말
(mal)
言葉

＋

ウル
을
(ul)
を

→

マルル
말을
(marul)
言葉を

パルム 발음 (parum) 発音	ウマク 음악 (umak) 音楽	ヨネ 연애 (yone) 恋愛	チョロプ 졸업 (chorop) 卒業
イル ボノ 일본어 (ilbono) 日本語	プヌィ ギ 분위기 (punwigi) 雰囲気	イリョ イル 일요일 (iryoil) 日曜日	ハラ ボジ 할아버지 (haraboji) おじいさん

パート 2

基本のあいさつと便利なフレーズ

語学習得の第一歩は、あいさつから。「안녕하세요?」「감사합니다」などの基本的な言葉や、よく使う便利なフレーズを練習してみましょう。

こんにちは

こんにちは。
안녕하세요 ?
アンニョン ハ セ ヨ
お元気ですか

> 「안녕하세요 ?」の「안녕」は「安寧（無事で安らか）」という意味の漢字語。直訳すれば「安寧ですか」で、朝・昼・晩の区別なしに使えます。

こんにちは。
안녕하십니까 ?
アンニョン ハ シム ニ ッカ
お元気でいらっしゃいますか

> 「안녕하십니까 ?」は「안녕하세요 ?」の、より丁寧な言い方。こちらの言い方のほうが、かしこまった感じになります。

また会いましょう。
또 만나요 .
ト マン ナ ヨ
また 会いましょう

さようなら（立ち去る人に）。
안녕히 가세요 .
アンニョン イ カ セ ヨ
お元気に 行ってください

> 相手がその場から去る場合と、その場に残る場合とで、言い方が違います。

さようなら（残る人に）。
안녕히 계세요 .
アンニョン イ ケ セ ヨ
お元気で いてください

はじめまして

はじめまして。
처음 뵙겠습니다.
チョウム ブェプケッスムニダ
（初めて お目にかかります）

> 「처음」は名詞の「初め」という意味と、副詞の「初めて」という意味があります。

お会いできてうれしいです。
만나서 반갑습니다.
マンナソ パンガプスムニダ
（お会いして うれしいです）

私は佐藤友紀と申します。
저는 사토 유키라고 합니다.
チョヌン サトー ユキ ラゴ ハムニダ
（私 は 佐藤 友紀 と 申します）

お名前は何とおっしゃいますか？
성함이 어떻게 되세요?
ソンハミ オットケ テェセヨ
（お名前 が どのように なりますか）

よろしくお願いします。
잘 부탁하겠습니다.
チャル プタカゲッスムニダ
（よろしく 頼みます）

> 「잘」は「うまく、よろしく、よく」。「부탁」は「付託」という漢字語です。直訳すれば「よろしく頼みます」となります。

パート2 基本のあいさつと便利なフレーズ

はい・いいえ

はい。
イェー　　　ネー
예. / 네.
はい　　　はい

いいえ。
ア ニ オ　　　ア ニョ
아니오. / 아뇨.
いいえ　　　いいえ

そうです。
ク　レ　ヨ
그래요.
そうです

わかりました。
ア ラッソ　　ヨ
알았어요.
わかりました

よくわかりません。
チャル　モル　ラ　ヨ
잘 몰라요.
よく　わかりません

ありがとうございます　CD1　ノーマルスピード　Track 22

ありがとうございます。
감사합니다.
カムサハムニダ
感謝します

「감사」は「感謝」という漢字語。直訳すれば「感謝します」で、かしこまった言い方です。

ありがとう。
고마워요.
コマウォヨ
ありがたいです

「고마워요」は親しみのある、うちとけた言い方です。

どういたしまして。
천만의 말씀입니다.
チョンマネ マル スミムニダ
千万 の お言葉です

どういたしまして。
천만에요.
チョンマネヨ
千万です

「천만에요」より「천만의 말씀입니다」のほうが、よりかしこまった言い方です。

こちらこそ。
저야말로요.
チョヤマルロヨ
私 こそ

パート2　基本のあいさつと便利なフレーズ

ごめんなさい・大丈夫です

ごめんなさい。
<ruby>ミ アナム ニ ダ</ruby>
미안합니다.
(心が)安らかではありません

> 「미안합니다」より、「죄송합니다」のほうが丁寧なお詫びの言い方です。

申し訳ありません。
<ruby>チェ ソン ハム ニ ダ</ruby>
죄송합니다.
罪をおそれます

構いません。
<ruby>クェンチャンスムニ ダ</ruby>
괜찮습니다.
構いません

大丈夫です。
<ruby>クェンチャナ ヨ</ruby>
괜찮아요.
平気ですよ

> 「大丈夫です、平気です、構いません」を意味する「괜찮습니다」と「괜찮아요」。「괜찮습니다」のほうがかしこまった言い方です。「結構です(ノーサンキュー)」の意味でも使えます。

気をつかわないでください。
<ruby>シンギョン ス ジ マ セ ヨ</ruby>
신경 쓰지 마세요.
神経　つかわ　ないでください

いただきます　　CD1　ノーマルスピード　Track 24

いただきます。

<ruby>チャル</ruby> <ruby>モッケッスムニダ</ruby>
잘 먹겠습니다.
よく　　食べます

ごちそうさまでした。

<ruby>チャル モゴッスムニダ</ruby>
잘 먹었습니다.
よく　　食べました

おいしいです。

<ruby>マシッソヨ</ruby>
맛 있어요.
味　　あります

> 「まずいです」は「맛없어요」、「辛いです」は「매워요」です。
> （マドプソヨ／メウォヨ）

お腹がいっぱいです。

<ruby>ペ ブルロヨ</ruby>
배 불러요.
腹　いっぱいです

> 「お腹がすきました」は「배고파요」。
> （ペゴパヨ）

もう結構です。

<ruby>イ ジェ トェッスムニダ</ruby>
이제 됐습니다.
もう　　いいです

> 「이제 됐습니다」は、「もう結構です（いりません）」と断る場合に使います。

パート2　基本のあいさつと便利なフレーズ

55

すみません！

Track 25 / ノーマルスピード / CD 1

すみません！
<ruby>ヨ ボ セ ヨ</ruby>
여 보세요 .
こちら 見てください

> 「여보세요」は、電話をするときの「もしもし」としても使います。
> 「여」は「여기（ここ）」の縮約形（言葉が短縮された形）です。

すみません！
<ruby>チャムカン マンニョ</ruby>
잠깐 만요 .
ちょっと だけです

> 「잠깐만요」は、「ちょっと待ってください」という表現ですが、相手を呼び止める際の「ちょっと、すみません」の意味でも使います。

ちょっとおうかがいします。
<ruby>マルスム ジョム ムッケッスム ニ ダ</ruby>
말씀 좀 묻겠습니다 .
お話　ちょっと　　　うかがいます

ゆっくり話してください。
<ruby>チョンチョニ　マルスメ　チュ セ ヨ</ruby>
천천히 말씀해 주세요 .
ゆっくり　　お話して　　ください

日本語わかりますか？
<ruby>イル ボノ　ハル チュル ア セ ヨ</ruby>
일본어 할 줄 아세요 ?
日本語　やり　方　わかりますか

パート 3

超基本 入れ替えフレーズ

主語や動詞などを入れ替えてフレーズの初歩を学びます。ゆっくりスピードで発音のコツをつかんだ後は、ノーマルスピードでスラスラと発音できるよう練習しましょう。

フレーズ 01

CD 1　ゆっくりスピード Track 26　ノーマルスピード Track 27

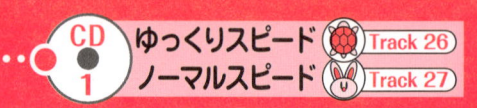

私は日本人です。

저는 일본 사람이에요.
チョ ヌン イル ボン サ ラ ミ エ ヨ
私　は　日本　　人　　です

基本文型　저는 ~이에요 / 예요. (私は~です)
チョヌン　　イエヨ　　エヨ

前にくる語がパッチム（終声）で終わる場合は이에요を使い、パッチムなしで終わる場合は이에요が短く縮んだ形の예요を使います。이에요 / 예요の原形は이다（~だ、~である）です。

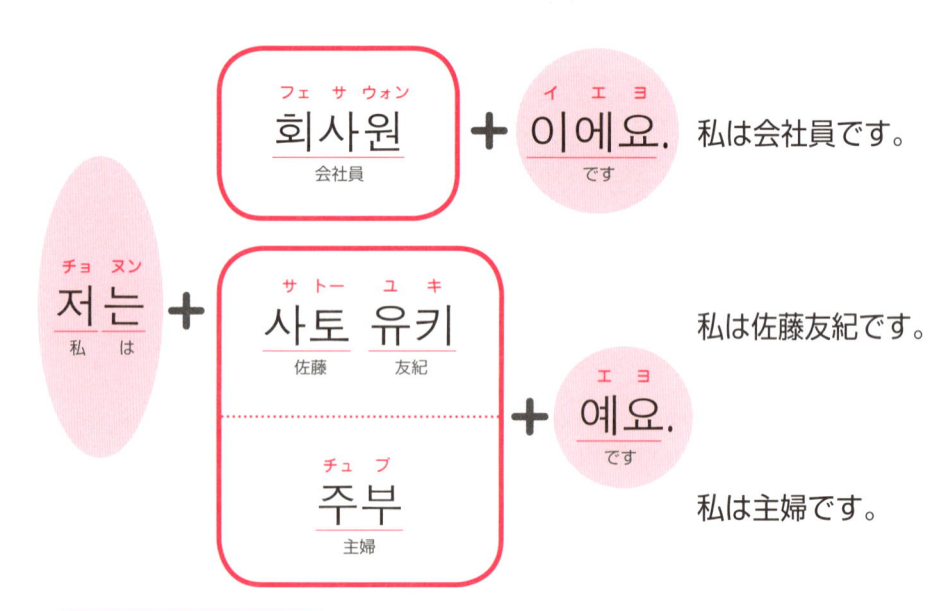

회사원 （フェ サ ウォン / 会社員） ＋ 이에요. （イエヨ / です）　私は会社員です。

저는 （チョ ヌン / 私は） ＋

사토 유키 （サトー ユキ / 佐藤 友紀）　私は佐藤友紀です。

＋ 예요. （エヨ / です）

주부 （チュ ブ / 主婦）　私は主婦です。

入れ替え★単語

학생 （ハヶ セン / 学生）

시스템 엔지니어 （シ ス テ ム エン ジ ニ オ / システムエンジニア）

フレーズ 02

CD 1　ゆっくりスピード Track 28
　　　ノーマルスピード Track 29

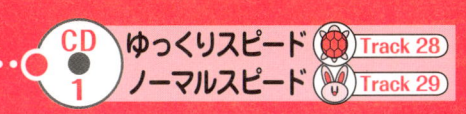

私は韓国人ではありません。

저는 한국 사람이 아니에요.
チョ ヌン　ハン グゥ　サ ラ ミ　ア ニ エ ヨ
私　は　韓国　　人　　が　　違います

基本文型 … 저는 ~가 / 이 아니에요. (私は~ではありません)
　　　　　　　　チョヌン　　ガ　　イ　ア ニ エ ヨ

가は助詞の「~が（~は）」で、前にくる語がパッチムで終わる場合は이を使います。아니에요（違います）は前に가 / 이を伴って「~ではありません」という表現になります。
　　　　ア ニ エ ヨ　　　　　　　　　ガ　　イ

パート3　超基本入れ替えフレーズ

저는 ＋ 공무원이 ／ 의사가 ／ 교사가 ＋ 아니에요.
チョ ヌン　　コン ム ウォ ニ　　ウィ サ ガ　　キョ サ ガ　　　ア ニ エ ヨ
私 は　　　公務員　が　　医者　が　　教師　が　　　違います

私は公務員ではありません。
私は医者ではありません。
私は教師ではありません。

入れ替え★単語

점원
チョムォン
店員

운전 기사
ウンジョン キ サ
運転　技師
運転手

59

フレーズ 03

CD1 ゆっくりスピード Track 30
ノーマルスピード Track 31

キム・スミさんですか？

キム ス ミ ッシ エ ヨ
김수미 씨예요?
キム・スミ　さん　ですか

基本文型 … ～이에요 / 예요？（～ですか？）

「～です」の表現に「？」マークをつけ、語尾を上げて発音すれば疑問文になります。直前にパッチムがある場合は이에요、ない場合は예요を使います。씨（氏）は「さん」の意ですが、目上の人には「先生」にあたる선생님を使います。

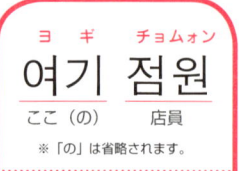

ヨ ギ　チョムォン **여기 점원** ここ（の）　店員 ※「の」は省略されます。	ここの店員ですか？
ハン グッ　サ ラム **한국 사람** 韓国　人	＋ イ エ ヨ **이에요?** ですか　　　　韓国人ですか？
ソ ウル　チュル シン **서울 출신** ソウル　出身	ソウル出身ですか？

入れ替え★単語

ガ イドゥ
가이드
ガイド

ヨ リ サ
요리사
料理師
料理人

フレーズ 04

CD 1　ゆっくりスピード Track 32
　　　ノーマルスピード Track 33

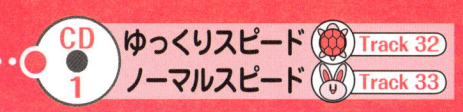

これは何ですか？

이게 뭐예요?
イゲ　ムォエヨ
これは　何　ですか

基本文型 〜 뭐예요？（〜何ですか？）
ムォエヨ

이게は「これは」ですが、「これが」にもなります。뭐は「何」という意味。무엇の短く縮んだ形で、会話で使われます。パッチムがないので、「〜ですか？」のところは예요？となります。

그게 （クゲ）それは　→ それは何ですか？

저게 （チョゲ）あれは　＋ **뭐예요?**（ムォエヨ 何 ですか） → あれは何ですか？

저 건물이 （チョ コン ムリ）あの 建物 が → あの建物は何ですか？

入れ替え★単語

이 야채 （イ ヤチェ）この 野菜 — この野菜

그 요리 （ク ヨリ）その 料理 — その料理

パート3　超基本入れ替えフレーズ

フレーズ 05

CD 1　ゆっくりスピード Track 34
　　　ノーマルスピード Track 35

これはパスポートです。

이건 여권이에요.
（イゴン　ヨックォニ　エヨ）
これは　旅券　です

基本文型　이건 ~이에요 / 예요.（これは~です）
（イゴン　イエヨ　エヨ）

이건は「これは」という意味。이것은（이것〈これ〉+ 은〈は〉）の短く縮んだ形で、会話でよく使われます。여권は漢字語で、「旅券」を音読みしています。

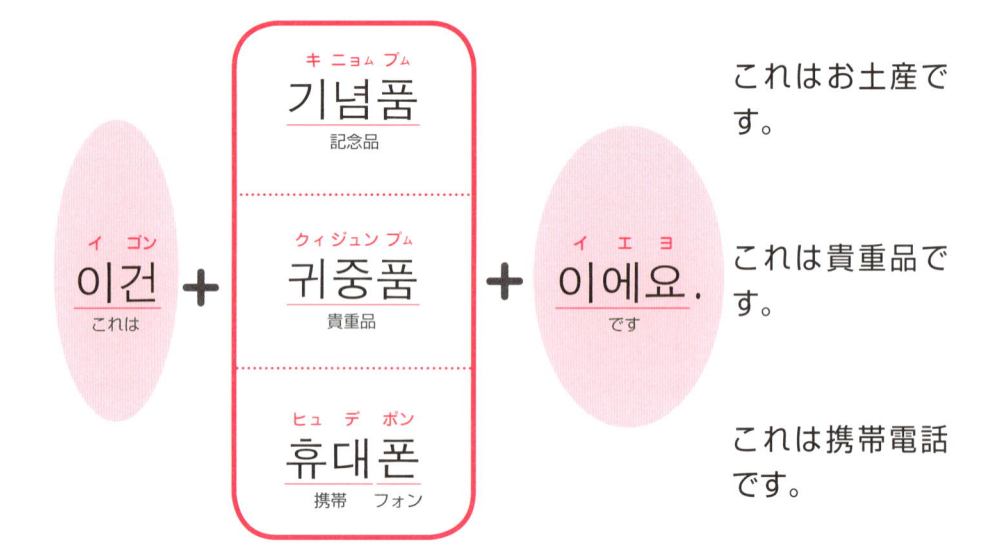

이건（イゴン / これは）
+
- **기념품**（キニョムプム / 記念品）
- **귀중품**（クィジュンプム / 貴重品）
- **휴대폰**（ヒュデポン / 携帯フォン）

+
이에요.（イエヨ / です）

- これはお土産です。
- これは貴重品です。
- これは携帯電話です。

入れ替え★単語

- **디지털 카메라**（ディジトル カメラ / デジタルカメラ）
- **제 가족 사진**（チェ カジョク サジン / 私の家族の写真）
私の　家族　写真

フレーズ 06

CD 1　ゆっくりスピード Track 36
　　　ノーマルスピード Track 37

これは本物ですか？

イゴン　チンチャエヨ
이건 진짜예요?
　これは　本物　ですか

基本文型 … 이건 ～이에요 / 예요 ?（これは～ですか？）
　　　　　　　　 イゴン　　イエヨ　　エヨ

이건は「これは」で、이것은（これは）の短く縮んだ形です。진짜は「本物」。「偽
物」は가짜といいます。예요 ? は原形이다（～だ、～である）が、「～ですか？」
の形に活用されたものです。

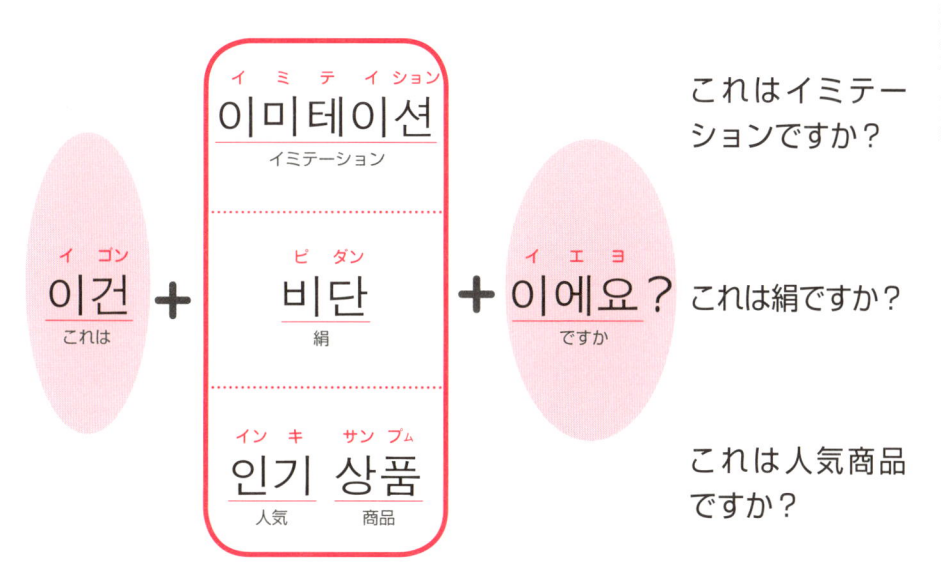

　　　　　　　　イミテイション
　　　　　　　　이미테이션
　　　　　　　　イミテーション　　　　　　　　これはイミテーションですか？

イゴン　　　　　　ピ　ダン　　　　　　イエヨ
이건　＋　　비단　　＋　이에요 ?　これは絹ですか？
これは　　　　　　絹　　　　　　　　ですか

　　　　　　　インキ　サンプム
　　　　　　　인기 상품
　　　　　　　人気　商品　　　　　　　　　これは人気商品ですか？

入れ替え★単語

スングム
순금
純金

ソガジュッ
소가죽
牛皮

パート3　超基本入れ替えフレーズ

復習問題①

1 CDを聴いて、どちらの単語を読んでいるのか選びましょう。

（CD 1 Track 38）

① 会社員　　　　　　　公務員
　　회사원　　　　　　　공무원　　　　（　　　）

② 医師　　　　　　　　教師
　　의사　　　　　　　　교사　　　　　（　　　）

③ お土産　　　　　　　貴重品
　　기념품　　　　　　　귀중품　　　　（　　　）

2 次の日本語の下線部にあたるハングルをなぞって書いてみましょう。

① 私は<u>日本人</u>です。

저는 일본 사람이에요.

② 私は<u>主婦</u>です。

저는 주부예요.

③ 私は<u>韓国人</u>ではありません。

저는 한국 사람이 아니에요.

解答と解説

1

① 회사원（会社員）
フェ サ ウォン

「会社員」を音読みした漢字語です。공무원も漢字語で、「公務員」の音読みです。
コン ム ウォン

② 교사（教師）
キョ サ

「教師」を音読みした漢字語です。의사も漢字語で、「医師」の音読みです。
ウィ サ

③ 기념품（お土産）
キ ニョム プム

「記念品」を音読みした漢字語です。귀중품も漢字語で、「貴重品」の音読みです。
クィジュン プム

2

① 저는 일본 사람이에요.
チョヌン イルボン サ ラミ エ ヨ

저は「わたくし」と、自分を下げた言い方。そうでない言い方は、나（あたし、おれ）です。
チョ
ナ

② 저는 주부예요.
チョヌン チュ ブ エ ヨ

주부は漢字語で、「主婦」を音読みしています。
チュ ブ

③ 저는 한국 사람이 아니에요.
チョヌン ハングク サ ラミ ア ニ エ ヨ

「～ではありません」の言い方は、単語の最後にパッチムがあると、이 아니에요で、パッチムは이に連音していきます。
イ ア ニ エ ヨ
イ

復習問題①

3 次の単語を並べ替えて、正しい文章を作りましょう。

①**それは何ですか？**
〔뭐／예요／그게〕？

②**これは本物ですか？**
〔진짜／예요／이건〕？

4 次の日本語に対応する韓国語として、正しいものを選びましょう。

①**ここの店員ですか？**　　　　（　　　　）
(1) 한국 사람이에요？
(2) 여기 점원이에요？

②**あれは何ですか？**　　　　（　　　　）
(1) 이게 뭐예요？
(2) 저게 뭐예요？

解答と解説

3 ①그게 뭐예요?
_{ク ゲ ムォ エ ヨ}

그게는그것이가 縮んだ形で、「それは」ですが、「それが」の意味で使われることもあります。

②이건 진짜예요?
_{イ ゴン チンチャ エ ヨ}

이건은이것은（これは）が縮んだ形です。

4 ①(2) 여기 점원이에요?
_{ヨ ギ チョムォニ エ ヨ}

「ここ」は여기で、「〜の」は省略します。「店員」は점원です。
(1) の한국 사람は「韓国人」の意です。

②(2) 저게 뭐예요?
_{チョ ゲ ムォ エ ヨ}

「あれは」は저게で、저것이の縮んだ形です。이게は「これは」で、이것이の縮んだ形です。

パート3 超基本入れ替えフレーズ

なりきり ミニ会話 ①

CD 1　ゆっくりスピード Track 39
　　　ノーマルスピード Track 40

1

_{ハングゥ　サ ラ ミ エ ヨ}
한국 사람이에요?
韓国人ですか？

李さん　あなた

_{アニョ　アニエヨ}
아뇨, 아니에요.
_{チョヌン ハングゥ サ ラ ミ ア ニ エ ヨ}
저는 한국 사람이 아니에요.
いいえ、違います。私は韓国人ではありません。

2

_{フェ サ ウォニ エ ヨ}
회사원이에요?
会社員ですか？

あなた　李さん

_{ネー　チョヌン フェ サ ウォニ エ ヨ}
네, 저는 회사원이에요.
はい、私は会社員です。

_{シル レ ジマン ハゥセンイ エ ヨ}
실례지만 학생이에요?
失礼ですが学生ですか？

_{アニョ　チョヌン ハゥセンイ ア ニ エ ヨ}
아뇨, 저는 학생이 아니에요.
いいえ、私は学生ではありません。

※_{シュレ ジマン}실례지만：失礼ですが

フレーズ1～6で習った例文を使って
なりきり会話をしよう。

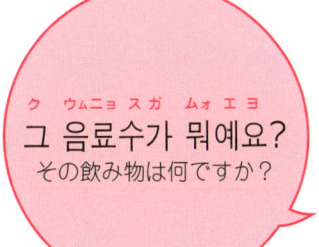

3

ク ウムニョスガ ムォエヨ
그 음료수가 뭐예요?
その飲み物は何ですか？

イゴン ユ ジャチャ エヨ
이건 유자차예요.
これはゆず茶です。

あなた　店員

※음료수：飲み物　　유자차：ゆず茶

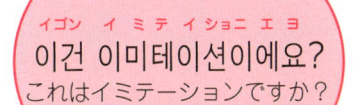

4

イゴン イ ミテイショニ エヨ
이건 이미테이션이에요?
これはイミテーションですか？

アニョ アニエヨ
아뇨, 아니에요.
イゴン チンチャ エ ヨ
이건 진짜예요.
いいえ、違います。
これは本物です。

あなた　店員

クゴン ムォエヨ
그건 뭐예요?
それは何ですか？

イゴン スジョンイ エヨ
이건 수정이에요.
これは水晶です。

※수정：水晶

パート3　超基本入れ替えフレーズ

フレーズ 07

CD 1　ゆっくりスピード Track 41
　　　ノーマルスピード Track 42

これは誰のものですか？

이건 누구 거예요？
イゴン　ヌグ　コエヨ
これは　誰　もの　ですか

基本文型 … 이건 ～ 거예요？（これは～のものですか？）
イゴン　　コエヨ

이건は「これは」で、縮約形になっています。もとの形は이것（これ）+은（～は）です。「誰々」の後ろに付く「～の」は普通、省略します。거예요は것（もの）+이에요？（ですか？）の縮約形です。

이건 イゴン これは	+	당신 タンシン あなた 호텔 ホテル ホテル 가게 カゲ お店	+	거예요？ コエヨ もの　ですか

これはあなたのものですか？

これはホテルのものですか？

これはお店のものですか？

入れ替え★単語

내　ネ　私の

우리　ウリ　私たち

フレーズ 08

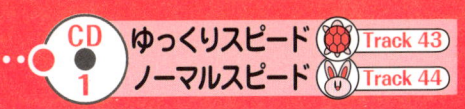

CD 1 ゆっくりスピード Track 43
ノーマルスピード Track 44

これは偽物ではありません。

イゴン　カッチャガ　アニエヨ
이건 가짜가 아니에요.
これは　偽物　が　違います

基本文型 이건 ~가/이 아니에요. (これは~ではありません)

이건は「これは」で、이것（これ）＋은（は）の縮約形です。「~ではありません」の「~では」にあたるのが가または이で、前の語の最後にパッチム（終声）がなければ가が付き、あれば이が付いて連音が起きます。

イゴン
이건
これは

＋

ファ　ハク　ソミュ　ガ
화학 섬유가
化学　繊維　が

ユ　リ　ガ
유리가
瑠璃　が

サン　ブミ
상품이
商品　が

＋

アニエヨ
아니에요.
違います

これは化繊ではありません。

これはガラスではありません。

これは商品ではありません。

入れ替え★単語

ウン
은
銀

ス ジョン
수정
水晶

パート3 超基本入れ替えフレーズ

フレーズ 09

CD 1　ゆっくりスピード Track 45
　　　ノーマルスピード Track 46

これはいくらですか？

이건 얼마예요?
イゴン　オルマエヨ
これは　いくら　ですか

基本文型 … ~ 얼마예요？（~いくらですか？）
オルマエヨ

이건は「これは」、얼마は「いくら」です。예요？は「ですか？」で、原形は
イゴン　　　　　　　　オルマ
이다（~だ、~である）です。
イダ

하나에　＋　**얼마예요？**　　1ついくらですか？
ハナエ　　　　　オルマエヨ
1つ　に(つき)　　いくら　ですか

김치는　＋　**얼마예요？**　　キムチはいくらですか？
キムチヌン
キムチ　は

모두　＋　**얼마예요？**　　全部でいくらですか？
モドゥ
全部で

入れ替え★単語

두 개에　　　　　**세 개에**
トゥーゲエ　　　　　セゲエ
2個で　　　　　　　3個で
2個で　　　　　　　3個で

フレーズ 10

CD1 ゆっくりスピード Track 47
ノーマルスピード Track 48

一万ウォンです。
マヌォニ エヨ
만 원이에요.
万　ウォン　です

基本文型 … ~ 원이에요. (~ウォンです)
ウォニ エヨ

만は「万」を音読みして、「マン」と発音しますが、後ろに「ウォン」が続くと連音が起きて、「マヌォン」となります。원は貨幣単位の「ウォン」です。また、韓国語で「一万」や「一千」と言うとき、普通「一」は付けません。

パート3 超基本入れ替えフレーズ

ベク
백
百

オー ベク オー シプ
오백오십
五 百 五 十

チョン サム ベク
천삼백
千 三 百

＋

ウォニ エヨ
원이에요.
ウォン　です

百ウォンです。

五百五十ウォンです。

千三百ウォンです。

入れ替え★単語

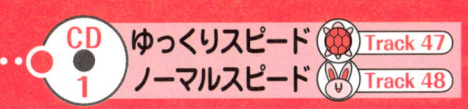

シプォン
십 원
十 ウォン
十ウォン

ペン マヌォン
백만 원
百 万 ウォン
百万ウォン

フレーズ 11

CD1 ゆっくりスピード Track 49
ノーマルスピード Track 50

ビビンバください。
비빔밥 주세요.
ピビムパプ チュセヨ
混ぜ　ごはん　ください

基本文型 … ～ 주세요. (～ください)

비빔밥は「混ぜごはん」の意味です。비비다(混ぜる)の名詞形비빔に밥(ごはん)が付いた形になっています。주세요は「ください」で、주다(くれる、あげる)の丁寧な命令形です。

삼계탕 (サムゲタン) 参鶏湯		サムゲタンください。
냉면 (ネンミョン) 冷麺	+ 주세요. (チュセヨ) ください	冷麺ください。
커피 (コピ) コーヒー		コーヒーください。

入れ替え★単語

메뉴 (メニュ) メニュー

재떨이 (チェットリ) 灰 落とし　灰皿

フレーズ 12

CD 1
ゆっくりスピード Track 51
ノーマルスピード Track 52

まけてください。
カッカ チュセヨ
깎아 주세요.
削って ください

基本文型 … ～아 / 어 주세요. (～してください)

깎아の原形は깎다で、「削る、刈る」という意味です。ここでは「値段を削る」で「まける、値切る」の意。아は「～して」。주세요（ください）を깎아（削って）の後に付けて、「まけてください」となります。

パート3 超基本入れ替えフレーズ

ポヨ **보여** 見せて		
ケ サネ **계산 해** 計算 して	＋	チュセヨ **주세요.** ください
サ ジヌル チゴ **사진을 찍어** 写真 を 撮って		

見せてください。

会計してください。

写真を撮ってください。

入れ替え★単語

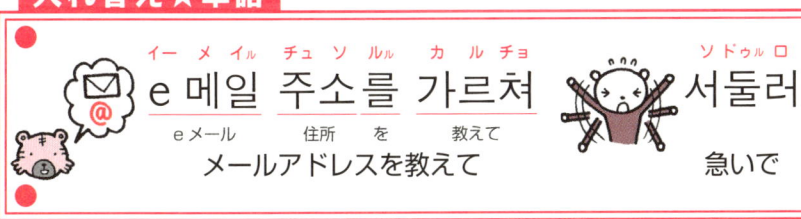

イー メイル チュ ソルル カルチョ
e 메일 주소를 가르쳐
eメール 住所 を 教えて
メールアドレスを教えて

ソドゥルロ
서둘러
急いで

75

復習問題②

1 CDを聴いて、どちらの単語を読んでいるのか選びましょう。 Track 53

① 本物　　　　　　　　偽物
　　진짜　　　　　　　　가짜　　　　　（　　）

② 私たち　　　　　　　ガラス
　　우리　　　　　　　　유리　　　　　（　　）

③ それは　　　　　　　あれは
　　그게　　　　　　　　저게　　　　　（　　）

2 次の日本語の下線部にあたるハングルをなぞって書いてみましょう。

①これは誰のものですか？

이건 누구 거예요?

②1ついくらですか？

하나에 얼마예요?

③百ウォンです。

백 원이에요.

解答と解説

1 ①진짜（本物）

　진짜（本物）の진は漢字語で、「真」という字を音読みしています。

②유리（ガラス）

　우と유の違いに注意。

③저게（あれは）

　그게は「それは」、저게は「あれは」。「ク」と「チョ」の違いです。

2 ①이건 누구 거예요?

　「誰」は누구。「～の」にあたる의は普通省略します。「ものですか?」は거예요?です。

②하나에 얼마예요?

　「1つ」は하나で、에は「～につき」とか「～で」の意味です。

③백 원이에요.

　金額は漢数詞（漢字の音読み）を使って言います。「百」は백、「ウォン」は원です。

復習問題②

3 次の単語を並べ替えて、正しい文章を作りましょう。

① コーヒーください。
〔주/세요/커피〕.
  チュ セヨ コピ

② 会計してください。
〔세요/주/계산해〕.
  セヨ チュ ケサネ

4 次の日本語に対応する韓国語として、正しいものを選びましょう。

① これはいくらですか？　　　　（　　　　　）
(1)
이건 얼마예요?
イゴン オルマエヨ

(2)
하나에 얼마예요?
ハナエ オルマエヨ

② 一千ウォンです。　　　　　　（　　　　　）
(1)
만 원이에요.
マヌォニ エヨ

(2)
천 원이에요.
チョヌォニ エヨ

解答と解説

3 ①커피 주세요.
（コビ チュセヨ）

「コーヒー」は커피で、日本語のように音を伸ばしません。「ください」は주세요です。

②계산해 주세요.
（ケサネ チュセヨ）

「計算してください」という言い方になります。「計算する」は계산하다。名詞＋하다の活用語の場合「してください」は名詞＋해 주세요となります。

4 ①（1）이건 얼마예요？
（イゴン オルマエヨ）

「これは」は이것은ですが、会話では短い縮約形の이건をよく使います。「いくら」は얼마、「ですか？」は예요？です。

②（2）천 원이에요.
（チョヌォニ エヨ）

「一千」は普通「一」を付けず、천といいます。「ウォン」は원で、천 원を続けて発音すると連音化し、처눤となります。

なりきり ミニ会話 ❷

CD1 ゆっくりスピード Track 54
ノーマルスピード Track 55

1

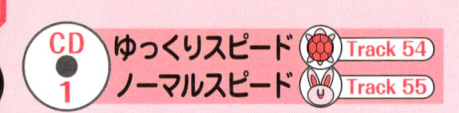

^{イゴン タンシン コ エヨ}
이건 당신 거예요?
これはあなたのものですか？

あなた　李さん

^{ネー クレヨ}
네, 그래요.
はい、そうです。

2

^{イゴン オルマエヨ}
이건 얼마예요?
これはいくらですか？

^{イーベゴー シブォニ エヨ}
이백오십 원이에요.
二百五十ウォンです。

あなた　店員

^{カッカ ジュセヨ}
깎아 주세요.
まけてください。

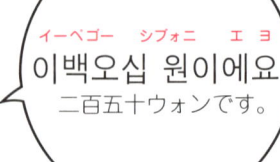

^{チョアヨ}
좋아요.
いいですよ。

※ ^{チョアヨ} 좋아요：いいですよ

フレーズ7〜12で習った例文を使って
なりきり会話をしよう。

3

<ruby>모두 얼마예요?<rt>モドゥ オルマエヨ</rt></ruby>
全部でいくらですか？

店員
あなた

<ruby>만 원이에요.<rt>マヌォニ エヨ</rt></ruby>
一万ウォンです。

4

<ruby>한복 보여 주세요.<rt>ハンボッ ポヨジュセヨ</rt></ruby>
チマチョゴリを見せてください。

あなた　店員

<ruby>네, 보세요.<rt>ネー ポセヨ</rt></ruby>
はい，どうぞ（ご覧ください）。
※お客が自分で手にとって見られる場合の言い方。

<ruby>다른 색을 보여 주세요.<rt>タルン セグル ポヨジュセヨ</rt></ruby>
ほかの色を見せてください。

<ruby>여기 있습니다.<rt>ヨギ イッスムニダ</rt></ruby>
はい，どうぞ（ここにあります）。
※店員が持ってきてお客の前に提示したときの言い方。

※<ruby>한복<rt>ハンボッ</rt></ruby>：チマチョゴリ　<ruby>보세요<rt>ポセヨ</rt></ruby>：ご覧ください
<ruby>다른 색<rt>タルン セッ</rt></ruby>：ほかの色　<ruby>있습니다<rt>イッスムニダ</rt></ruby>：あります

パート3 超基本入れ替えフレーズ

フレーズ 13

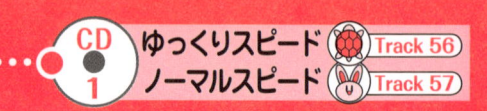

CD 1　ゆっくりスピード Track 56　ノーマルスピード Track 57

私は買い物をします。

チョ　ヌン　ショピン　ウル　ヘ　ヨ
저는 쇼핑을 해요.
私　は　ショッピング　を　します

基本文型　…　チョヌン　アヨ　オヨ
저는 ～아요 / 어요. （私は～ます、～です）

저는 나(私)の謙譲語で、自分を下げた言い方です。는は「～は」という助詞です。아요 / 어요の아 / 어は活用語の語幹に付きますが、語幹末にパッチムがないときは、普通、直前の母音と合体して形が変わります。

チョ　ヌン
저는
私　は

＋

ハン　グン　マル　ベ　ウォ　ヨ
한국말을 배워요.　　私は韓国語を習います。
韓国語　を　習います

ユ　ジョグル　クァングァン ヘ　ヨ
유적을 관광해요.　　私は遺跡を観光します。
遺跡　を　観光　します

マーニ　モゴ　ヨ
많이 먹어요.　　私はたくさん食べます。
たくさん　食べます

入れ替え★単語

ヨゲ　ソ　キダリョ ヨ
역에서 기다려요.
駅　で　待ちます
駅で待ちます。

ポスルル　タ　ヨ
버스를 타요.
バス　を　乗ります
バスに乗ります。

フレーズ 14

CD 1　ゆっくりスピード Track 58
　　　ノーマルスピード Track 59

昨日はおもしろかったです。

オ ジェ ヌン　チェ ミ　イッソッソ　ヨ
어제는 재미있었어요.
昨日　は　おもしろみ　ありました

基本文型
オ ジェ ヌン　　アッソ ヨ　オッソ ヨ
어제는 ~았어요 / 었어요. (昨日は～かったです、～ました)

어제は「昨日」。았 / 었は語幹の後ろに付いて、過去形を作る補助語幹です。
さらに어요が付いて「~でした」という丁寧な言い方になります。

パート3　超基本入れ替えフレーズ

オ ジェ ヌン
어제는 ＋
昨日　は

　　　チュ ウォッソ ヨ
　　　추웠어요.
　　　寒かったです

コン ソ トゥ エ　カッソ ヨ
콘서트에 갔어요.
コンサート　に　行きました

プル ゴ ギ ルル　モゴッソ ヨ
불고기를 먹었어요.
プルコギ　を　食べました

昨日は寒かったです。

昨日はコンサートに行きました。

昨日はプルコギを食べました。

入れ替え★単語

チュル ゴ ウォッソ ヨ
즐거웠어요.
楽しかったです。

パッパッソ ヨ
바빴어요.
忙しかったです。

フレーズ 15

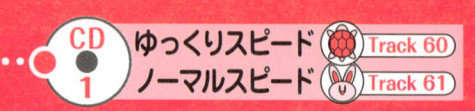

CD 1　ゆっくりスピード Track 60　ノーマルスピード Track 61

市場に行きます。

시장에 가요.
_{シジャン エ カヨ}
市場　に　行きます

基本文型　～에 가요.（～に行きます）
_{エ カヨ}

에は「〜に、〜へ」にあたる助詞です。가요は가다（行く）の丁寧な言い方です。語幹の가が陽母音（ㅏまたはㅗ）なので、아요が付いて가아요になり、短く縮まって가요になります。

레스토랑 （レストラン）
포장마차 （布帳馬車）
역 （駅）

＋　에 가요.（に 行きます）

レストランに行きます。
屋台に行きます。
駅に行きます。

入れ替え★単語

면세점 （ミョンセジョム）免税店

극장 （クッチャン）劇場、映画館

フレーズ 16

ゆっくりスピード Track 62
ノーマルスピード Track 63

먹고 싶어요.
（モッコ シポ ヨ）
食べたいです。

基本文型 ～고 싶어요．（～たいです）

活用語（動詞、形容詞など）の語幹＋고 싶어요で、「～したいです」になります。最後の요を取ると、「～したいよ」と、ぞんざいな言い方になります。また、고 싶습니다とすると、かしこまった丁寧語になります。

핸드백을 사 （ヘンドゥ ベグル サ）
ハンドバッグ を 買い

당신하고 얘기하 （タン シナゴ イェギハ）
あなた と 話し

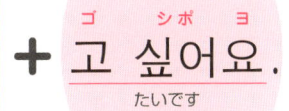

내일도 만나 （ネイルド マンナ）
明日 も 会い

＋ 고 싶어요．（ゴ シポ ヨ）
たいです

ハンドバッグを買いたいです。

あなたと話したいです。

明日も会いたいです。

入れ替え★単語

보고 싶어요． （ポゴ シポ ヨ）
見 たいです
見たいです。

듣고 싶어요． （トゥッコ シポ ヨ）
聞き たいです
聞きたいです。

フレーズ 17

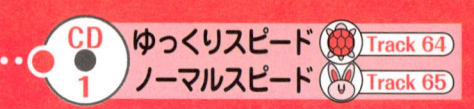

買いたいのですが。

사고 싶은데요.
_{サゴ シプン デ ヨ}
買い たい のですが

基本文型 ～고 싶은데요. (～たいのですが)

活用語（動詞、形容詞など）の語幹に고 싶은데요が付くと「～したいのですが」の意味になります。은데요は断定を避けた言い方です。고は前の語と続けて発音すると、普通、にごって「ゴ」になります。

예약하
_{イェ ヤカ}
予約 し

취소하
_{チュイソ ハ}
取消 し

둘이서 숙박하
_{トゥリ ソ スゥパカ}
2人 で 宿泊 し

＋

고 싶은데요.
_{ゴ シプン デ ヨ}
たい のですが

予約したいのですが。

取り消したいのですが。

2名で泊まりたいのですが。

入れ替え★単語

묻고 싶은데요.
_{ムッコ シプン デ ヨ}
尋ね たい のですが
尋ねたいのですが。

알고 싶은데요.
_{アルゴ シプン デ ヨ}
知り たい のですが
知りたいのですが。

フレーズ 18

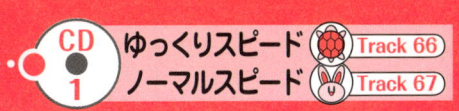

帰りたくないです。

돌아가고 싶지 않아요.
(戻って 行き た くないです)

基本文型 … ~고 싶지 않아요. (~たくないです)

고 싶어요（~たいです）の否定形です。元の形である고 싶다の語尾다をはずして지 않아요が付きました。

헤어지 (別れ)

쉬 (休み)   **+**   고 싶지 않아요. (た くないです)

기다리 (待ち)

別れたくないです。

休みたくないです。

待ちたくないです。

入れ替え★単語

걷고 싶지 않아요.
(歩き た くないです)
歩きたくないです。

마시고 싶지 않아요.
(飲み た くないです)
飲みたくないです。

復習問題③

1 CDを聴いて、どちらを読んでいるのか選びましょう。

Track 68

① 習います。　　　　　食べます。
　배워요.　　　　　　먹어요.　　　（　　）

② 聞きたいです。　　　見たいです。
　듣고 싶어요.　　　　보고 싶어요.　（　　）

③ 予約したいのですが。　宿泊したいのですが。
　예약하고 싶은데요.　숙박하고 싶은데요.（　　）

2 次の日本語の下線部にあたるハングルをなぞって書いてみましょう。

① 買い物します。

쇼핑해 요.

② 電話したいのですが。

전화하 고 싶은데요.

③ 帰りたくありません。

돌아가 고 싶지 않아요.

解答と解説

1 ①배워요.（習います。）

②보고 싶어요.（見たいです。）
보고は、2番目の「ㄱ」の音が濁ります。듣고の2番目の「ㄱ」は前に詰まる終声音があるので、濁らずに濃音化して「kko」となります。

③예약하고 싶은데요.（予約したいのですが。）
最後の은데요の部分は断定を避けた言い方で、「〜ですが」という意味になります。

2 ①쇼핑해요.
쇼핑하다（ショッピングする）の丁寧な言い方です。

②전화하고 싶은데요.
「電話したい」は전화하고 싶다です。싶다の語幹싶の後ろに은데요が付いて、「〜たいのですが」になります。

③돌아가고 싶지 않아요.
「帰りたい」は돌아가고 싶다（戻って行きたい）です。싶다の語幹싶の後ろに지 않아요が付いて、「〜たくありません」になります。

復習問題③

3 次の単語を並べ替えて、正しい文章を作りましょう。

①市場に行きます。
〔에/가요/시장〕．

②尋ねたいのですが。
〔고/싶은데요/묻〕．

4 次の日本語に対応する韓国語として、正しいものを選びましょう。

①おもしろかったです。　　　　（　　　　　）
(1) 재미있었어요．
(2) 재미없었어요．

②話したいです。　　　　　　　（　　　　　）
(1) 얘기하고 싶지 않아요．
(2) 얘기하고 싶어요．

解答と解説

3 ①시장에 가요.

「市場」は漢字を音読みする漢字語で、시장。「〜に」は에、「行きます」は가요です。

②묻고 싶은데요.

「尋ねる、問う」は묻다です。語幹묻＋고 싶다で、「尋ねたい」となり、싶다を싶은데요にすると、「〜たいのですが」という断定を避けた言い方になります。

4 ①（1）재미있었어요.

「おもしろみ、ありました」という言い方です。（2）の없었어요は反対の意味で、「ありませんでした」となります。

②（2）얘기하고 싶어요.

「〜したいです」は語幹＋고 싶어요です。（1）の고 싶지 않아요は否定形で、「〜したくないです」になります。

なりきり ミニ会話 ❸

CD1 ゆっくりスピード Track 69
ノーマルスピード Track 70

1

李さん:
ヨンファヌン チェミイッソッソ ヨ
영화는 재미있었어요?
映画はおもしろかったですか？

あなた:
ネー チェミ イッソッソ ヨ
네, 재미있었어요.
はい、おもしろかったです。

※ 영화(ヨンファ)：映画

2

李さん:
ペクァジョメ カゴ シポ ヨ
백화점에 가고 싶어요?
デパートに行きたいですか？

あなた:
ネー カゴ シポ ヨ
네, 가고 싶어요.
はい、行きたいです。

※ 백화점(ペクァジョム)：デパート

> フレーズ 13 〜 18 で習った例文を使って
> なりきり会話をしよう。

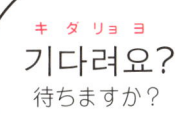

3

<キダリョヨ>
기다려요?
待ちますか？

<キダリゴ シプチ アナヨ>
기다리고 싶지 않아요.
待ちたくないです。

店員　　あなた

4

<プルゴギガ モッコ シポヨ>
불고기가 먹고 싶어요?
プルコギが食べたいですか？

<モッコ シポヨ>
먹고 싶어요.
食べたいです。

李さん　　あなた

<クロム ネイル ポジャンマチャエソ モゴヨ>
그럼 내일 포장마차에서 먹어요.
では明日、屋台で食べましょう。

<ネー メクチュド マショヨ>
네, 맥주도 마셔요.
はい、ビールも飲みましょう。

※<クロム>그럼：では

パート3　超基本入れ替えフレーズ

コラム

韓国人は記念日好き？

　女性が男性にチョコを贈る2月14日の「バレンタインデー」に対し、男性がそのお返しにキャンディを贈る3月14日の「ホワイトデー」。日本のお菓子メーカーの営業戦略ともいわれるこんな記念日が、じつは韓国にも伝わってすっかり定着しています。

　ところが日本と違うのは、3月で終わらず4月以降も「14日」ごとに「記念日」が生まれていったこと。たとえば4月14日は、ホワイトと反対の「ブラックデー」。これは「バレンタインデー」でも「ホワイトデー」でも恋が実らなかった男女が集まり、ソースの黒い韓国式ジャージャー麺「자장면（炸醤麺）」を食べる日です。

　この「ブラックデー」の集まりで、また新たな恋が芽生えることもあるのですが、それでもうまくいかなかった人のための記念日が5月14日の「イエローデー」。まだ恋人ができない男女が集まって、今度は黄色いカレーライス「카레라이스」を食べる日です。

　こんな調子で一年12か月、毎月14日に「記念日」があるのが韓国式。先の「イエローデー」とは別に「ローズデー」と呼ばれるなど、バリエーションもたくさんあります。また14日以外では、11月11日の「빼빼로（ペペロ）デー」なる記念日も。これはグリコ・ポッキーによく似た韓国ロッテのお菓子「ペペロ」を4本食べる日。月日の11.11という数字が、細長いペペロを4本並べた様子に似ているから…がその起源です。

　これらは若者の冗談から生まれたサブカルチャーともいえますが、一方で韓国人が「記念日」にこだわる国民気質であることも事実。たとえば恋人どうしがつき合い始めて100日には、ペアリングなどを贈り合う「百日記念」の習慣も定着しています。「百日記念」はもともと、赤ん坊が生まれて100日目に「百日祝い」をする習慣がルーツなのかもしれません。同じ文化圏の日本でも「お食い初め」という同じ習慣が今も根づいています。それが恋人たちの大切な日になるあたり、やはり「韓国人は記念日好き」という説はあたっているといえそうです。

パート4

基本
入れ替えフレーズ

パート3同様、主語や動詞の入れ替え練習をしながら、たくさんの単語を覚えていきます。ゆっくりスピードで発音のコツをつかんだ後は、ノーマルスピードでスラスラと発音できるよう練習しましょう。

フレーズ 19

CD 2　ゆっくりスピード Track 01
　　　ノーマルスピード Track 02

ドラマが好きですか？

ドゥラマルル チョアヘヨ
드라마를 좋아해요?
　ドラマ　　を　　好みますか

基本文型 ～를 / 을 좋아해요？（～が好きですか？）
(ルル) (ウル) (チョアヘヨ)

를 / 을は「～を」にあたる目的格の助詞です。前の語の最後にパッチム（終声）がなければ를、あれば을を用います。これは좋아해요？（好みますか？好きですか？）が他動詞で、目的格の助詞を必要とするからです。

ヨン ファ ルル
영화를　　　　　　　　　　映画が好きですか？
映画　を

チュック ルル　　　　　チョアヘヨ
축구를　＋　좋아해요？　サッカーが好きですか？
蹴球　を　　　好みますか

イル ボ ヌル
일본을　　　　　　　　　　日本が好きですか？
日本　を

入れ替え★単語

スル
술
お酒

ノ レ バン
노래방
カラオケ

フレーズ 20

CD2 ゆっくりスピード Track 03
ノーマルスピード Track 04

ショッピングが好きです。

ショ ピン ウル チョ ア ヘ ヨ
쇼핑을 좋아해요.
ショッピング を　　好みます

基本文型 …… ～를/을 좋아해요.（～が好きです）
ルル ウル チョ ア ヘ ヨ

フレーズ19と同じ文型ですが、こちらは疑問符が付いていない平叙形なので、語尾を下げて発音します。前ページの좋아해요？（好きですか？）は疑問形なので、語尾を上げて発音します。

ヨ ヘン ウル
여행을
旅行　を　　　　　　　　　　　　旅行が好きです。

ドゥ ライ ブ ルル　　　　　チョ ア ヘ ヨ
드라이브를 ＋ **좋아해요.**　　ドライブが好きです。
ドライブ　を　　　　　　好みます

タン シヌル
당신을
あなた　を　　　　　　　　　　　　あなたが好きです。

入れ替え★単語

イン ト ネッ ショ ピン
인터넷 쇼핑
インターネット ショッピング
ネットショッピング

ス ポ チュ クァンジョン
스포츠 관전
スポーツ　観戦
スポーツ観戦

パート4 基本入れ替えフレーズ

フレーズ 21

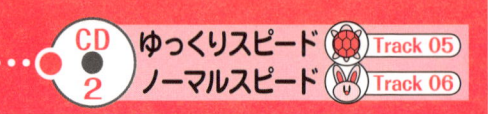

CD 2　ゆっくりスピード Track 05　ノーマルスピード Track 06

そのドラマはおもしろいですか？

ク　ドゥラマ　ヌン　チェ　ミ　イッソ　ヨ
그 드라마는 재미있어요?
その　　ドラマ　　は　　おもしろみ　　ありますか

基本文型 … 그 ～는/은 ～아요/어요?（その～は～ですか、ますか？）
　　　　　　　　ク　ヌン ウン　　ア ヨ オ ヨ

는/은は「～は」という助詞です。아요/어요は、語幹末の母音がㅏかㅗのときは아요、そうでないときは어요が語幹に付きます。また、～하다の形の用言は特別に해요になります。

ノリ　ドン　サヌン　チュルゴ ウォ ヨ
놀이동산은 즐거워요?
遊び　丘　　は　　　楽しいですか

→ その遊園地は楽しいですか？

ヨン ファ ヌン　チェ ミ　オプソ ヨ
영화는 재미없어요?
映画　は　おもしろみ　ありませんか

→ その映画はつまらないですか？

イ ヤ ギ ヌン　スルポ ヨ
이야기는 슬퍼요?
話　　は　　悲しいですか

→ その物語は悲しいですか？

ク
그 + （上記）
その

入れ替え★単語

チョア ヘ ヨ
좋아해요?
好きですか？

シロ ヘ ヨ
싫어해요?
嫌いですか？

フレーズ 22

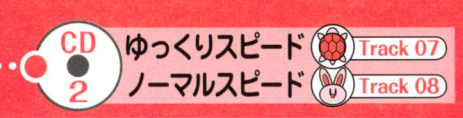

CD2 ゆっくりスピード Track 07
ノーマルスピード Track 08

とてもかわいいです。
アジュ イェッポヨ
아주 예뻐요.
とても　かわいいです

基本文型　아주 ～．(とても～)

아주は「とても、たいへん」という意味の副詞です。同義語に매우とか너무があり、日本語と同じように後ろに形容詞や副詞などが続きます。예뻐요の原形は예쁘다で「きれい、かわいい」の両方の意味になります。

イ ティショチュヌン **이 티셔츠는** この　Tシャツ　は		チョア ヨ **좋아요.** いいです
チョ ペウ ヌン **저 배우는** あの　俳優　は	＋ アジュ **아주** とても　＋	モ シッソ ヨ **멋있어요.** センス あります
ネン ミョヌン **냉면은** 冷麺　は		マシッソ ヨ **맛있어요.** 味　あります

このTシャツはとてもいいです。

あの俳優はとてもかっこいいです。

冷麺はとてもおいしいです。

入れ替え★単語

ピッサヨ
비싸요.
(値段が) 高いです。

サヨ
싸요.
安いです。

パート4 基本入れ替えフレーズ

フレーズ 23

CD2 ゆっくりスピード Track 09
ノーマルスピード Track 10

ちょっと辛いです。
チョム　メ　ウォ　ヨ
좀 매워요.
ちょっと　辛いです

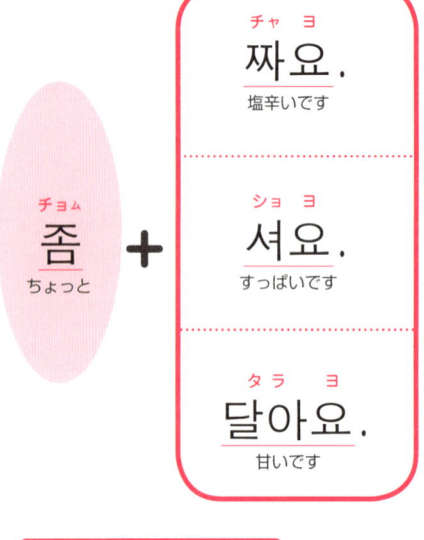

基本文型　…　좀 ～．（ちょっと～）

좀は「ちょっと、少し」という意味の副詞で、조금が縮まった形です。日本語と同じように後ろに動詞、形容詞などが続きます。

チョム
좀
ちょっと

＋

チャ ヨ
짜요．
塩辛いです　　　　ちょっとしょっぱいです。

ショ ヨ
셔요．
すっぱいです　　　ちょっとすっぱいです。

タラ ヨ
달아요．
甘いです　　　　　ちょっと甘いです。

入れ替え★単語

トゥ ゴ ウォ ヨ
뜨거워요．
熱いです。

チャ ガ ウォ ヨ
차가워요．
冷たいです。

フレーズ 24

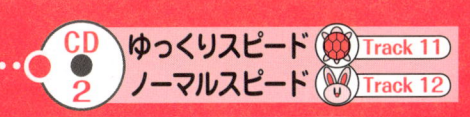

安くありません。

안 싸요.
アン サヨ
〜ない 安いです

基本文型 … 안 〜．(〜ではありません)
アン

안は活用語（動詞、形容詞など）の前に置かれて否定を表す副詞で、아니の短く縮んだ形です。ちなみに、아니はかたい書き言葉や時代劇のせりふに出てきます。

안
〜ない

+

비싸요.
ピッサヨ
高いです

高くありません。
※文全体を続けて発音すると「ピ」は「ビ」になります。

좋아요.
チョアヨ
よいです

よくありません。
※文全体を続けて発音すると「チョ」は「ジョ」になります。

나빠요.
ナッパヨ
悪いです

悪くありません。

入れ替え★単語

봐요.
ポァヨ
見ます。

사요.
サヨ
買います。

パート4 基本入れ替えフレーズ

復習問題④

1 CDを聴いて、どちらを読んでいるのか選びましょう。　CD2 Track 13

① 好きです。　　　　　　　いいです。
　　좋아해요.　　　　　　　좋아요.　　　（　　　）

② しょっぱいです。　　　　すっぱいです。
　　짜요.　　　　　　　　　셔요.　　　　（　　　）

③ かっこいいです。　　　　おいしいです。
　　멋있어요.　　　　　　　맛있어요.　　（　　　）

2 次の日本語の下線部にあたるハングルをなぞって書いてみましょう。

① <u>おもしろいですか</u>？

재미있어요 ?

② とても<u>かわいいです</u>。

아주 예뻐요 .

③ <u>買いません</u>。

안 사요 .

解答と解説

1 ① 좋아요. (いいです。)

좋아요は形容詞で、意味は「いいです」。前に가/이（〜が）がきます。좋아해요は他動詞で前に를/을（〜を）がきます。

② 짜요. (しょっぱいです。)

짜요は形容詞짜다（塩辛い）の丁寧形です。셔요の原形は시다（すっぱい）です。

③ 멋있어요. (かっこいいです。)

最初の文字가멋と맛で違っています。どちらもパッチム（終声）が있어요（あります）の있に連音します。

2 ① 재미있어요？

「おもしろみありますか？」という言い方になっています。疑問形なので尻上がりに発音します。

② 아주 예뻐요.

「かわいいです」も「きれいです」も예뻐요を使います。

③ 안 사요.

否定形なので、「買います」の前に안を付けて、後ろは사다（買う）の丁寧形사요を用います。

復習問題④

3 次の単語を並べ替えて、正しい文章を作りましょう。

①日本が好きですか？
〔을／일본／좋아해요〕？
<small>ウル イルボン チョアヘヨ</small>

②ショッピングが好きです。
〔을／쇼핑／좋아해요〕．
<small>ウル ショピン チョアヘヨ</small>

4 次の日本語に対応する韓国語として、正しいものを選びましょう。

①ちょっと辛いです。　　　　　（　　　　　）

(1)
좀 매워요.
<small>チョム メウォヨ</small>

(2)
아주 매워요.
<small>アジュ メウォヨ</small>

②楽しくありません。　　　　　（　　　　　）

(1)
즐거워요.
<small>チュルゴウォヨ</small>

(2)
안 즐거워요.
<small>アン チュルゴウォヨ</small>

解答と解説

3 ①일본을 좋아해요?
_{イル ボヌル チョ ア ヘ ヨ}

「好きですか？」にあたる좋아해요？が他動詞なので、目的格の助詞を用いて「日本を好みますか？」という言い方になります。

②쇼핑을 좋아해요.
_{ショピンウル チョ ア ヘ ヨ}

①と同様にして、「ショッピングを好みます」という言い方になります。

4 ①(1) 좀 매워요.
_{チョム メ ウォ ヨ}

「ちょっと」は좀で最初の音が「チ」で同じだ、と覚えましょう。
(2)の아주は「とても、非常に」の意味です。

②(2) 안 즐거워요.
_{アン チュルゴ ウォ ヨ}

否定形の簡単な作り方は、動詞、形容詞などの前に안を付ければOKです。

パート4 基本入れ替えフレーズ

なりきり ミニ会話 ❹

CD2 ゆっくりスピード Track 14
ノーマルスピード Track 15

1

^{ヨンファルル チョア ヘ ヨ}
영화를 좋아해요?
映画が好きですか？

李さん　あなた

^{ネー　チョア ヘ ヨ}
네, 좋아해요.
はい、好きです。

^{ドゥラマド チョア ヘ ヨ}
드라마도 좋아해요.
ドラマも好きです。

2

^{チュルゴウォヨ}
즐거워요?
楽しいですか？

李さん　あなた

^{ア ジュ チュルゴ ウォ ヨ}
아주 즐거워요.
とても楽しいです。

フレーズ19～24で習った例文を使って
なりきり会話をしよう。

3

李さん：
맛있어요?
おいしいですか？

あなた：
맛있어요.
おいしいです。
하지만 좀 매워요.
でもちょっと辛いです。

※하지만：でも

4

あなた：
그 드라마는 재미있어요?
そのドラマはおもしろいですか？

李さん：
재미없어요.
おもしろくありません。

パート4 基本入れ替えフレーズ

フレーズ 25

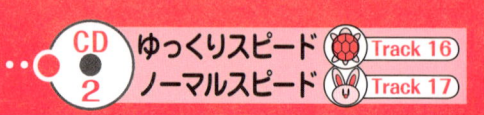

CD 2　ゆっくりスピード Track 16
　　　ノーマルスピード Track 17

空席はありますか？

ピン　ジャ　リ　ヌン　イッソ　ヨ
빈 자리는 있어요？
空いている　席　は　ありますか

基本文型　～는 / 은 있어요？（～はありますか？）
ヌン　ウン　イッソ　ヨ

「～は」は는 / 은（前の語末にパッチムがあるかないかで使い分ける）ですが、初めて話題に出すときは가 / 이も使えます。また助詞を省略して、빈 자리 있어요？（空席ありますか？）という言い方もできます。

センス　ヌン
생수는
生水　は

クミョン　ソグン
금연석은
禁煙席　は

メ　ニュ　ヌン
메뉴는
メニュー　は

＋

イッソ　ヨ
있어요？
ありますか

ミネラルウォーターはありますか？

禁煙席はありますか？

メニューはありますか？

入れ替え★単語

コ　ピ
커피
コーヒー

メッチュ
맥주
麦酒
ビール

フレーズ 26

CD2 ゆっくりスピード Track 18
ノーマルスピード Track 19

喫煙席はありません。

흡연석은 없어요.
フビョン ソグン　オッソ ヨ
吸煙席　は　ありません

基本文型 〜는 / 은 없어요. （〜はありません）
ヌン　ウン　オッソ ヨ

「〜はありますか？」と聞かれて、「〜はありません」と答える場合、「〜は」にあたる助詞는 / 은を用います。
ヌン ウン

젓가락은　　箸はありません。
チョッ カ ラグン
箸　は

포크는　＋　없어요.　フォークはありません。
ポ　ク ヌン　　　オッソ ヨ
フォーク は　　　ありません

나이프는　　ナイフはありません。
ナ イ プ ヌン
ナイフ は

入れ替え★単語

소주　焼酎
ソ ジュ

후추　こしょう
フ チュ

パート4　基本入れ替えフレーズ

フレーズ 27

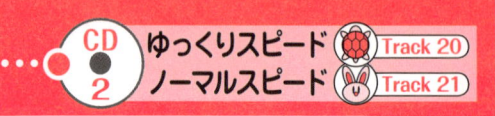

CD2 ゆっくりスピード Track 20
ノーマルスピード Track 21

トイレはどこですか？

ファジャン シリ オディエヨ
화장실이 어디예요?
化粧室　は　どこ　ですか

基本文型　〜가/이 어디예요？（〜はどこですか？）

何かを初めてとりあげて、「どこか」、「なにか」などと聞くときの「〜は」は普通가/이を使います。어디は「どこ」。예요？（ですか？）は、原形이다（〜だ）がヘヨ体に変化したもので、発音は「エヨ」です。

ピョ サヌン ゴシ **표 사는 곳이** 切符　買う　所　は	＋	オディエヨ **어디예요?** どこ　ですか	切符売り場はどこですか？
テッシ タヌン ゴシ **택시 타는 곳이** タクシー　乗る　所　は			タクシー乗り場はどこですか？
ミョンドン ヨギ **명동역이** 明洞　駅　は			ミョンドン駅はどこですか？

入れ替え★単語

ポス チョンニュジャン
버스 정류장
バス　停留場
バス停

クァングァンアンネソ
관광안내소
観光案内所

フレーズ 28

CD2 ゆっくりスピード Track 22
ノーマルスピード Track 23

あちら側にあります。

チョッチョゲ　イッソ　ヨ
저쪽에 있어요.
あの　側　に　あります

基本文型
~에 있어요. (~にあります)
エ　イッソ　ヨ

「場所＋に」の「〜に」は에です。前の語の最後にパッチムがあってもなくても変わりませんが、パッチムがあると連音します。있어요（あります）の原形は있다で、「ある、いる」という意味です。

ヨギ **여기** ここ		ここにあります。
チョギ **저기** あそこ	＋ 에 있어요. に あります	あそこにあります。
イプク　クンチョ **입구 근처** 入り口　近く		入り口の近くにあります。

入れ替え★単語

ウィチュン
위층
上層
上の階

ア レチュン
아래층
下層
下の階

フレーズ29

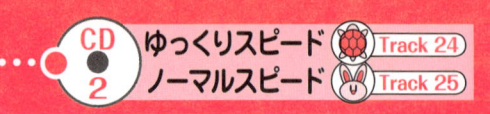

いつ始まりますか？

언제 시작해요?
オンジェ シ ジャケ ヨ
いつ 始作 しますか

基本文型 언제 ~？（いつ~？）
オン ジェ

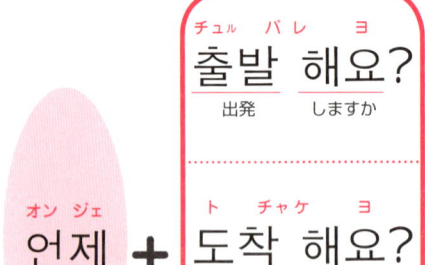

언제は「いつ」。시작해요？は「始まりますか？」で、시작하다が原形。分解すると시작（始作）＋하다です。このように名詞＋하다の形をしている動詞を하다動詞と言います。

언제 ＋
いつ
オン ジェ

출발 해요？ いつ出発しますか？
チュル バレ ヨ
出発 しますか

도착 해요？ いつ到着しますか？
ト チャケ ヨ
到着 しますか

전화 해요？ いつ電話しますか？
チョヌァ ヘ ヨ
電話 しますか

入れ替え★単語

결혼해요？
キョ ロネ ヨ
結婚 しますか
結婚しますか？

졸업해요？
チョ ロペ ヨ
卒業 しますか
卒業しますか？

フレーズ 30

CD2 ゆっくりスピード Track 26
ノーマルスピード Track 27

午後5時です。
オフ　タソッ　シエヨ
오후 다섯 시예요.
午後　　5　　時　です

基本文型 ～시예요 / ～분이에요.（～時です / ～分です）

「～時」というときは시（時）を使います。同じく「～分」は분（分）です。「～時～分」という場合、時間には固有数詞、分には漢数詞を使います。「午前」は오전、「午後」は오후です。

| オフ トゥー
오후 두
午後　2 | ＋ | シ
시
時 | ＋ | エヨ
예요.
です | 午後2時です。 |

| オジョン ヨル
오전 열
午前　10 | ＋ | シ
시
時 | ＋ | パニ エヨ
반이에요.
半　です | 午前10時半です。 |

| ア ホプ
아홉
9 | ＋ | シ
시
時 | ＋ | サムシッ プニ エヨ
삼십 분이에요.
30　分　です | 9時30分です。 |

入れ替え★単語

オジョン ハン シ
오전 한 시
午前　1　時
午前1時

オフ セー シ
오후 세 시
午後　3　時
午後3時

パート4　基本入れ替えフレーズ

復習問題⑤

1 CDを聴いて、どちらを読んでいるのか選びましょう。

Track 28

① 禁煙席　　　　　　喫煙席
　　금연석　　　　　　흡연석　　　　　（　　　）

② ここにあります。　　あそこにあります。
　　여기에 있어요.　　저기에 있어요.　（　　　）

③ 始まりますか？　　到着しますか？
　　시작해요?　　　　도착해요?　　　　（　　　）

2 次の日本語の下線部にあたるハングルをなぞって書きましょう。

①<u>禁煙席</u>はありません。

금연석 은 없어요.

②<u>あちら側</u>にあります。

저쪽 에 있어요.

③いつ<u>出発しますか</u>？

언제 출발해요 ?

解答と解説

1 ①<ruby>흡연석<rt>フビョン ソク</rt></ruby>（喫煙席）

「吸煙席」という漢字語です。흡の終声ㅂが연のㅇの位置に移動して（連音化）、흐변という音になります。

②<ruby>여기에 있어요<rt>ヨ ギ エ イッソ ヨ</rt></ruby>．（ここにあります。）

2つの違いは最初の文字여と저の部分です。여기は「ここ」、저기は「あそこ」です。에は「〜に」ですが、省略もできます。

③<ruby>도착해요<rt>ト チャケ ヨ</rt></ruby>？（到着しますか？）

도착は漢字語で、「到着」の音読み。해요は하다の丁寧形です。

2 ①<ruby>금연석은 없어요<rt>クミョン ソグン オプソ ヨ</rt></ruby>．

금연석は漢字語で、「禁煙席」を韓国語で音読みしています。最後にパッチムがあるので、助詞は은が付いてパッチムは連音します。

②<ruby>저쪽에 있어요<rt>チョッチョゲ イッソ ヨ</rt></ruby>．

저は「あの」で、쪽は「側」とか「〜の方」。「どこどこに」の「に」は、前にパッチムがあってもなくても에です。

③<ruby>언제 출발해요<rt>オンジェ チュル バレ ヨ</rt></ruby>？

출발は漢字語で、「出発」を韓国語で音読みしています。해요は하다（〜する）のヘヨ体（です、ます体）です。

復習問題⑤

3 次の単語を並べ替えて、正しい文章を作りましょう。

①コーヒーはありますか？
〔있어요／커피／는〕？
イッソヨ　コピ　ヌン

②ミョンドン駅はどこですか？
〔어디예요／명동／역／이〕？
オディエヨ　ミョンドン　ヨㇰ　イ

4 次の日本語に対応する韓国語として、正しいものを選びましょう。

①空席はありません。　　　　　（　　　　　）

(1)
빈 자리는 있어요.
ピン ジャリヌン イッソヨ

(2)
빈 자리는 없어요.
ピン ジャリヌン オㇷ゚ソヨ

②午前10時です。　　　　　　（　　　　　）

(1)
오전 열 시예요.
オジョン ヨㇽ シエヨ

(2)
오후 열 시예요.
オフ ヨㇽ シエヨ

解答と解説

3 ① 커피는 있어요?
<small>コ ピ ヌン イッソ ヨ</small>

「〜は」は는ですが、가も使えます。는だと他にいろいろある中で、とくに「コーヒーは」というように、強調になります。

② 명동역이 어디예요?
<small>ミョンドン ヨギ オ ディ エ ヨ</small>

역は漢字語で、「駅」を韓国語で音読みしています。パッチムで終わっているので、「〜は」は이になりパッチムは連音します。

4 ①（2）빈 자리는 없어요.
<small>ピン ジャ リ ヌン オプソ ヨ</small>

（1）と（2）を比べると、最後の単語が違っています。있어요は「あります」、없어요は「ありません」です。

②（1）오전 열 시예요.
<small>オ ジョン ヨル シ エ ヨ</small>

（1）と（2）を比べると、最初の単語が違っています。오전は「午前」、오후は「午後」です。

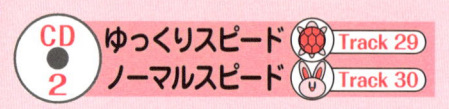

なりきり
ミニ会話 ⑤

CD2 ゆっくりスピード Track 29
ノーマルスピード Track 30

1

<チェットリ ヌン イッソ ヨ>
재떨이는 있어요?
灰皿はありますか？

あなた　店員

<ネー　イッソ　ヨ>
네, 있어요.
はい、あります。

2

<メクチュヌン　イッソ　ヨ>
맥주는 있어요?
ビールはありますか？

<チェソン ハムニ ダ>
죄송합니다.
<メクチュ ヌン オプソ ヨ>
맥주는 없어요.
申し訳ありません。
ビールはありません。

あなた　店員

<クロム センスヌン イッソ ヨ>
그럼 생수는 있어요?
では、ミネラルウォーター
はありますか？

<ネー　センス ヌン イッソ ヨ>
네, 생수는 있어요.
はい、ミネラルウォーター
はあります。

フレーズ 25 〜 30 で習った例文を使って
なりきり会話をしよう。

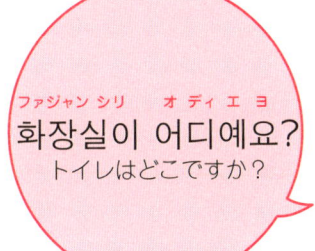

3

ファジャン シリ オ ディ エ ヨ
화장실이 어디예요?
トイレはどこですか？

あなた　　駅員

チョッチョゲ イッソ ヨ
저쪽에 있어요.
あちら側にあります。

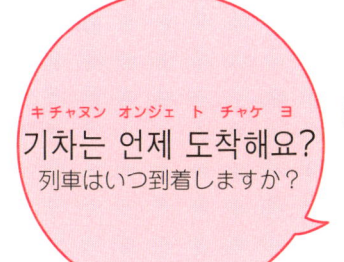

4

キチャヌン オンジェ ト チャケ ヨ
기차는 언제 도착해요?
列車はいつ到着しますか？

あなた　　駅員

オフ タソッ シ エ ヨ
오후 다섯 시예요.
午後5時です。

※키チャ
기차：列車

パート4 基本入れ替えフレーズ

フレーズ 31

CD 2　ゆっくりスピード Track 31　ノーマルスピード Track 32

見てもいいですか？

봐도 돼요?
ポァド　トェヨ
見て　も　できますか

基本文型 … ～아도 / 어도 돼요？（～してもいいですか？）
アド　オド　トェヨ

活用語の語幹に아도（または어도）돼요？を付けると、「～してもいいですか？」という意味になります。語幹末の母音がㅏかㅗのときは아도、それ以外は어도が付きます。～하다の形の活用語は特別に해도になります。

韓国語	読み	意味
입어 봐도	イボ ポァド	着て み て も
먹어 봐도	モゴ ポァド	食べて み て も
카드로 지불해도	カドゥロ チプレド	カード で 支払 しても

＋ 돼요？（トェヨ　できますか）

- 試着してもいいですか？
- 試食してもいいですか？
- カードで支払ってもいいですか？

入れ替え★単語

변경해도 （ピョンギョンヘド）
変更 しても
変更しても

빌려도 （ピル リョド）
借りて も
借りても

フレーズ32

CD2 ゆっくりスピード Track 33
ノーマルスピード Track 34

撮影してもいいですよ。
チュアリョンヘ ド トェヨ
촬영해도 돼요.
撮影　して　も　できます

基本文型…… ～아도 / 어도 돼요. (～してもいいですよ)
アド　オド　トェヨ

フレーズ31と同じ文型で、最後の「?」マークを取って、語尾を下げて発音すれば「～してもいいです」という平叙文になります。

マ ショド
마셔도
飲んで も

キョナケ ド
견학해도
見学 して も

チャ ド
자도
寝て も

＋

トェヨ
돼요.
できます

飲んでもいいですよ。

見学してもいいですよ。

寝てもいいですよ。

パート4 基本入れ替えフレーズ

入れ替え★単語

マ スル ボァド
맛을 봐도
味　を　見ても
味見しても

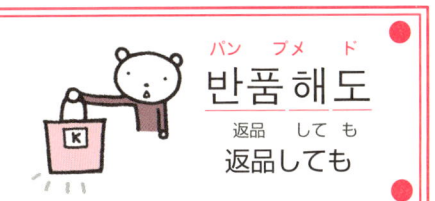

パン プメ ド
반품해도
返品　して　も
返品しても

フレーズ 33

CD 2　ゆっくりスピード　Track 35
　　　ノーマルスピード　Track 36

入ってはいけません。

トゥロ　ガ　ミョン　アンドェ　ヨ
들어가면 안 돼요.
入って行っ　たら　ない　できます

基本文型　～면 안 돼요. (～てはいけません)
　　　　　　　ミョン　アンドェ ヨ

活用語（動詞、形容詞など）の語幹に면／으면を付けると、「～ては」という仮定の表現になります。また、안を活用語の前に置くと、否定文になります。돼요は되다（できる、可能だ）の丁寧形で、되어요が短く縮んだ形です。

イ　キ　チャ　ル　タ ミョン
이 기차를 타면
この　列車　を　乗ったら

タウム　ヨゲソ　ネリミョン
다음 역에서 내리면
次　駅で　降りたら

コ ギ エ　アンジュ ミョン
거기에 앉으면
そこ　に　座っ　たら

＋

アンドェ ヨ
안 돼요.
ない　できます

この列車に乗ってはいけません。

次の駅で降りてはいけません。

そこに座ってはいけません。

入れ替え★単語

ウス ミョン
웃으면
笑っ　たら
笑っては

マン ジ ミョン
만지면
触っ　たら
触っては

フレーズ 34

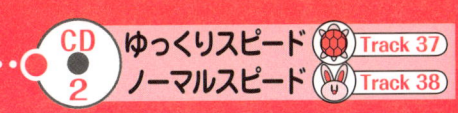

CD 2　ゆっくりスピード Track 37
　　　ノーマルスピード Track 38

両替ができますか？

환전할 수 있어요?
ファンジョンハル　ス　イッソ　ヨ
換銭　　　する　すべ　ありますか

基本文型 …… ～할 수 있어요？（～することができますか？）
　　　　　　　　　　ハル ス イッソ ヨ

活用語（動詞、形容詞など）の語幹に ㄹ 수 있어요？を付けると、「～できますか？」という表現になります。ここでは「～する」の形の～하다の語幹하にこの表現が付いています。

연락
ヨルラク
連絡

인터넷
イントネッ
インターネット

방에서 식사를
パン エソ　シクサルル
部屋　で　食事　を

＋

할 수 있어요？
ハル ス イッソ ヨ
する すべ ありますか

連絡ができますか？

インターネットができますか？

部屋で食事ができますか？

入れ替え★単語

시청
シ チョン
試聴

예약
イェ ヤッ
予約

パート4　基本入れ替えフレーズ

123

フレーズ 35

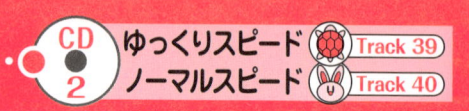

CD2 ゆっくりスピード Track 39
ノーマルスピード Track 40

宿泊できます。

スクパク ハル ス イッソ ヨ
숙박할 수 있어요.
宿泊　する　すべ　あります

基本文型　…　ハル ス イッソ ヨ
〜할 수 있어요．（〜することができます）

フレーズ34と同じ文型で、最後の「？」マークを取って、語尾を下げて発音すると「〜することができます」という平叙文になります。

キョ ファン
교환
交換

イェジョン ウン　ピョンギョン
예정은　변경
予定　は　　変更

チュアリョン
촬영
撮影

＋

ハル ス イッソ ヨ
할 수 있어요．
する すべ あります

交換できます。

予定は変更できます。

撮影できます。

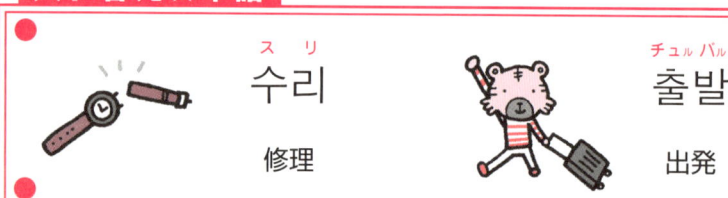

入れ替え★単語

スリ
수리
修理

チュルバル
출발
出発

フレーズ 36

CD2　ゆっくりスピード　Track 41
　　　ノーマルスピード　Track 42

取り消せません。
チュイソ　ハル　ス　オプソ　ヨ
취소할 수 없어요.
取消　する　すべ　ありません

【基本文型】 ～할 수 없어요.（～することができません）

フレーズ35の可能表現ㄹ 수 있어요の最後の部分を없어요（ありません）に換えると、不可能表現になります。なお、活用語の語幹末にパッチム（終声）があるとㄹの部分は을に変わり、パッチムが連音します。

フェ シゲ チャム ソㇰ 회식에 참석 会食　に　参加	食事会に参加できません。
タル ロ ロ チ プㇽ 달러로 지불 ドル　で　支払	＋ 할 수 없어요. ドルで支払えません。 する すべ ありません
イェ ヤㇰ 예약 予約	予約できません。

入れ替え★単語

ウェチュル
외출
外出

ヤㇰ ソㇰ
약속
約束

パート4　基本入れ替えフレーズ

復習問題⑥

1 CDを聴いて、どちらを読んでいるのか選びましょう。

① 試着してもいいですか？　　試食してもいいですか？
　입어 봐도 돼요?　먹어 봐도 돼요?（　　　）

② 笑ったらいけません。　　座ったらいけません。
　웃으면 안 돼요.　앉으면 안 돼요.（　　　）

③ 試聴できます。　　両替できます。
　시청할 수 있어요.　환전할 수 있어요.（　　　）

2 次の日本語の下線部にあたるハングルをなぞって書きましょう。

① <u>カードで支払って</u>もいいですか？
　카드로 지불해 도 돼요?

② <u>降りて</u>はいけません。
　내리 면 안 돼요.

③ <u>部屋で食事が</u>できますか？
　방에서 식사를 할 수 있어요?

解答と解説

1 ①먹어 봐도 돼요? (試食してもいいですか？)
먹어 보다（食べてみる）の語尾다が落ちて아도 돼요？（〜てもいいですか？）が付いた形です。

②웃으면 안 돼요. (笑ったらいけません。)
웃のパッチムㅅが後ろに連音して、우스면と発音されます。

③시청할 수 있어요. (試聴できます。)
시청하다（試聴する）の語尾다が落ちてㄹ 수 있어요（〜ることができます）が付いた形です。

2 ①카드로 지불해도 돼요？
로は手段、方法を表す助詞「〜で」です。

②내리면 안 돼요.
내리다（降りる）の語幹내리の後ろに면が付いて、「降りたら」という意味の仮定表現になりました。

③방에서 식사를 할 수 있어요？
방は「房」の音読みで、「部屋」の意。에서は場所の後ろに付いて「どこどこで」という意味を表す助詞です。

復習問題⑥

3 次の単語を並べ替えて、正しい文章を作りましょう。

①撮影してもいいです。
〔돼요／촬영／해도〕．

②両替できます。
〔있어요／환전／할／수〕．

4 次の日本語に対応する韓国語として、正しいものを選びましょう。

①宿泊できます。　　　　　　（　　　　　）
(1) 숙박할 수 있어요．
(2) 숙박할 수 없어요．

②入ってはいけません。　　　　（　　　　　）
(1) 들어가면 돼요．
(2) 들어가면 안 돼요．

解答と解説

3 ① 촬영해도 돼요.
<ruby>チュアリョン ヘ ド トェ ヨ</ruby>

촬영하다（撮影する）という動詞に「～してもいいです」という許可を表す慣用表現아도／어도 돼요が付いた形です。

② 환전할 수 있어요.
<ruby>ファン ジョナル ス イッソ ヨ</ruby>

환전하다（両替する）という動詞に「～することができます」という可能を表す慣用表現ㄹ 수 있어요が付いた形です。

4 ①(1) 숙박할 수 있어요.
<ruby>スク パカル ス イッソ ヨ</ruby>

「宿泊」は숙박。하다（～する）を付けると、「宿泊する」になります。할 수 있어요とすると、「～することができます」という可能表現になります。

②(2) 들어가면 안 돼요.
<ruby>トゥロガ ミョン アンドェ ヨ</ruby>

들어가다（入って行く）という動詞に仮定を表す면という語尾が付いて「入って行ったら」という意味になります。

パート4 基本入れ替えフレーズ

なりきり ミニ会話 ❻

CD2 ゆっくりスピード Track 44
ノーマルスピード Track 45

1

イボ ボァド トェヨ
입어 봐도 돼요?
試着してもいいですか？

ネー イボ ボセヨ
네, 입어 보세요.
はい、どうぞ。

あなた　店員

2

マスル ボァド トェヨ
맛을 봐도 돼요?
味見してもいいですか？

イ キムチヌン メウォヨ
이 김치는 매워요.
このキムチは辛いですよ。

あなた　店員

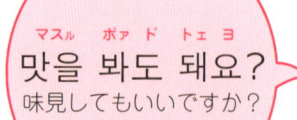

メウォド クェンチャナ・ヨ
매워도 괜찮아요.
辛くても大丈夫です。

フレーズ31〜36で習った例文を使って
なりきり会話をしよう。

3

<small>ファンジョナル ス イッソ ヨ</small>
환전할 수 있어요?
両替できますか？

あなた　店員

<small>ハル ス イッソ ヨ</small>
할 수 있어요.
できますよ。

4

<small>イェ ヤグル チュイソ</small>
예약을 취소
<small>ハル ス イッソ ヨ</small>
할 수 있어요?
予約を取り消せますか？

<small>ミ アネ ヨ　チュイソ ヌン</small>
미안해요. 취소는
<small>ハル ス オプソ ヨ</small>
할 수 없어요.
ごめんなさい。取り消しはできません。

店員

あなた

パート4　基本入れ替えフレーズ

フレーズ 37

CD2 ゆっくりスピード Track 46
ノーマルスピード Track 47

どのように行けばいいですか？

어떻게 가면 돼요？
オットケ　カミョン　トェヨ
どのように　行く なら　できますか

基本文型… 어떻게 ～면 돼요？（どのように～ればいいですか？）
オットケ　ミョン トェヨ

어떻게は「どのように」の意。가면は原形가다（行く）の語尾다を取り、면を付けて、前提条件を表しています。면 돼요？で「～ればいいですか」という言い方になります。

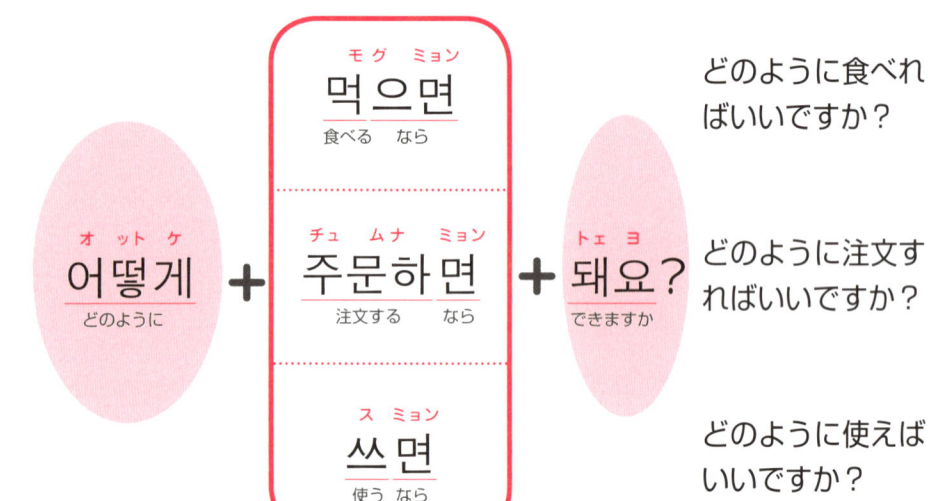

어떻게（オットケ / どのように）
＋
- 먹으면（モグ ミョン / 食べる なら）
- 주문하면（チュムナ ミョン / 注文する なら）
- 쓰면（ス ミョン / 使う なら）

＋ 돼요？（トェヨ / できますか）

- どのように食べればいいですか？
- どのように注文すればいいですか？
- どのように使えばいいですか？

入れ替え★単語

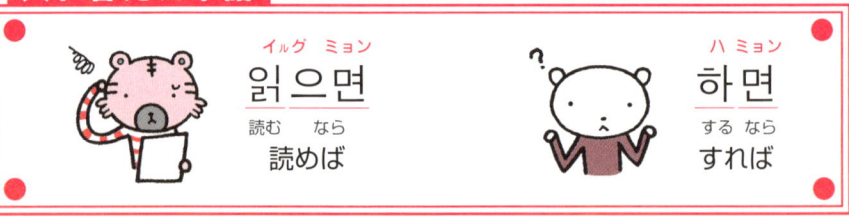

읽으면（イルグ ミョン / 読む なら / 読めば）

하면（ハ ミョン / する なら / すれば）

フレーズ 38

CD2 ゆっくりスピード Track 48
ノーマルスピード Track 49

どんな料理ですか？
무슨 요리예요?
（ムスン ヨリエヨ）
どんな　料理　ですか

基本文型　무슨 ～이에요 / 예요？（どんな〈何の〉～ですか？）

무슨は「どんな、何の」の意味。이에요 / 예요？は이다（～だ、～である）の丁寧な疑問形です。前の語の最後にパッチム（終声）があれば이에요、なければ예요になります。

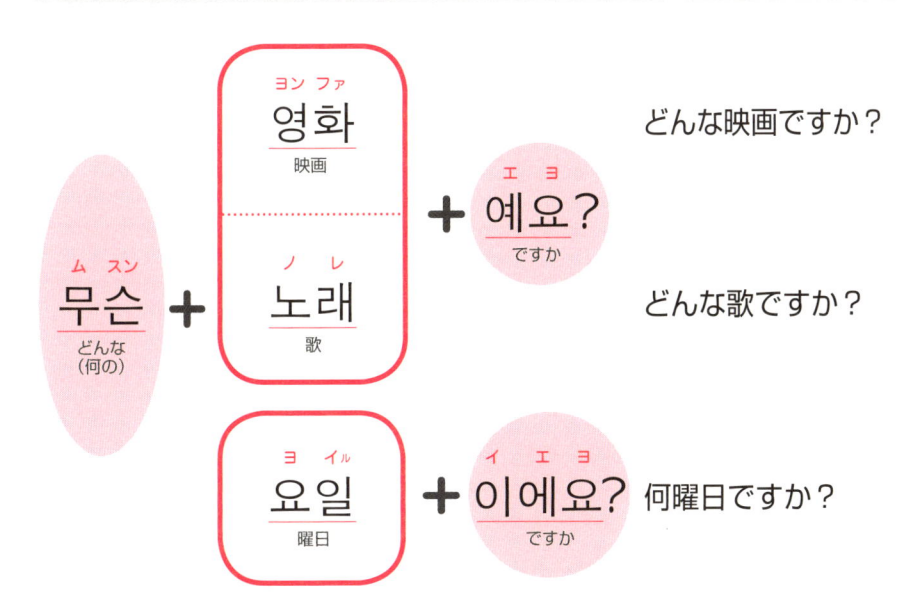

무슨（ムスン／どんな・何の） ＋

- **영화**（ヨンファ／映画） ＋ **예요?**（エヨ／ですか） → どんな映画ですか？
- **노래**（ノレ／歌） ＋ **예요?** → どんな歌ですか？
- **요일**（ヨイル／曜日） ＋ **이에요?**（イエヨ／ですか） → 何曜日ですか？

入れ替え★単語

- **이벤트**（イベントゥ／イベント）
- **사고**（サーゴ／事故）

フレーズ 39

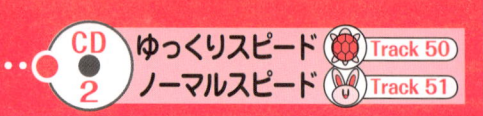

CD 2　ゆっくりスピード Track 50
　　　ノーマルスピード Track 51

どれがおいしいですか？

어느 것이 맛있어요?
オヌ　ゴシ　マシッソヨ
どの　もの　が　味　ありますか

基本文型　…　어느 것이 ~？（どれが~？）
　　　　　　　　オヌ　ゴシ

어느は「どの」、것は「もの、こと」で、合わせて「どれ」になります。「~が」は이または가です。前の語の最後にパッチム（終声）がなければ가、あれば이です。

어느 것이（どの　もの　が）
オヌ　ゴシ

＋

어울려요? （似合いますか）— どれが似合いますか？
オウルリョヨ

인기예요? （人気ですか）— どれが人気ですか？
インキエヨ

싸요? （安価ですか）— どれが（値段が）安いですか？
サヨ

入れ替え★単語

질이 좋아요?
チリ　チョアヨ
質が　よいですか
質がよいですか？

빨리 돼요?
パルリ　トェヨ
早く　できますか
早くできあがりますか？

フレーズ 40

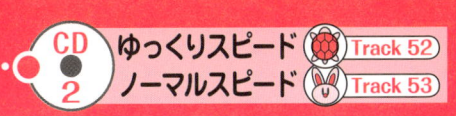

CD 2　ゆっくりスピード Track 52
　　　ノーマルスピード Track 53

なぜないのですか？

ウェ　オプソ　ヨ
왜 없어요？
なぜ　ありませんか

基本文型 … 왜 ~？（なぜ~？）

왜は「なぜ」の意。없어요？（ありませんか？）は없다（ない、いない）の丁寧な疑問形です。「？」マークを取ると「ありません」になります。ちなみに「ありますか？」は있어요？で、「あります」は있어요となります。

ウェ
왜
なぜ
＋

アヌァ　ヨ
안 와요？
ない　来ますか
なぜ来ないのですか？

ヌジョッソ　ヨ
늦었어요？
遅れましたか
なぜ遅れたのですか？

ウソ　ヨ
웃어요？
笑いますか
なぜ笑うのですか？

入れ替え★単語

ファルル　ネ　ヨ
화를 내요？
かんしゃく　を　出しますか
怒るのですか？

シロ　ヨ
싫어요？
嫌ですか
嫌なのですか？

パート4　基本入れ替えフレーズ

フレーズ 41

CD 2　ゆっくりスピード Track 54
　　　ノーマルスピード Track 55

このスカートどうですか？

이 치마 어때요?
イ　チマ　オッテヨ
この　スカート　どうですか

基本文型　〜 어때요？（〜どうですか？）
オッテヨ

「〜はどうですか？」の「〜は」を省略した形です。名詞の後ろに어때요？（どうですか？）を付ければいいので、簡単です。어떻습니까？にすると、同じ
オトッスムニカ
意味でより丁寧な言い方になります。

차 한 잔
チャ　ハンジャン
茶　一杯

이 요리 맛이
イ　ヨリ　マシ
この　料理　味　が

기분이
キブニ
気分　が

＋

어때요？
オッテヨ
どうですか

お茶を一杯いかがですか？

この料理の味はどうですか？

気分はどうですか？

入れ替え★単語

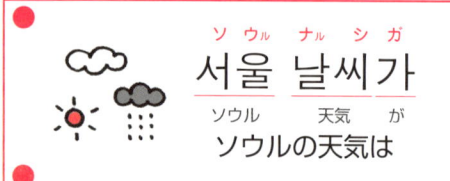

서울 날씨가
ソウル　ナルシガ
ソウル　天気　が
ソウルの天気は

이 책이
イ　チェギ
この　本　が
この本は

フレーズ 42

CD 2　ゆっくりスピード Track 56
　　　ノーマルスピード Track 57

どれくらい（時間が）かかりますか？

얼마나 걸려요?
オルマナ　コルリョヨ
いくら くらい　かかりますか

基本文型 … 얼마나 ~?（どれくらい~?）
　　　　　　　オルマナ

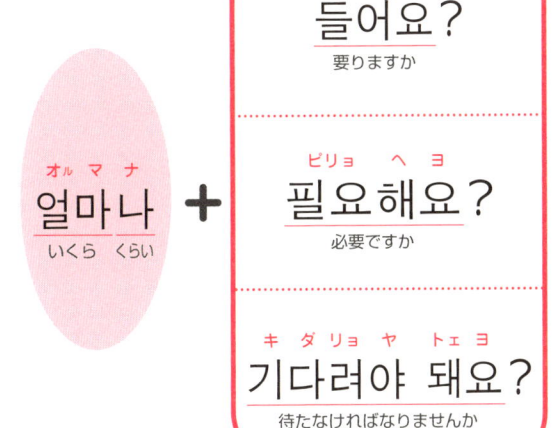

얼마は「いくら」、나は「くらい」の意味で、合わせて「どれくらい」となります。
걸려요?は、原形걸리다（かかる）の丁寧な疑問形ですが、時間を聞く場合に使います。金額を聞く場合は들어요?を用います。
コルリョヨ　　　　　　　　　コルリダ　　　　　　　　　　　　　　　　　　　　　　　トゥロヨ

얼마나（いくら くらい） ＋

들어요?（トゥロヨ）要りますか	どれくらい（お金が）かかりますか？
필요해요?（ピリョヘヨ）必要ですか	どれくらい必要ですか？
기다려야 돼요?（キダリョヤ トェヨ）待たなければなりませんか	どれくらい待たなければなりませんか？

入れ替え★単語

많아요?（マーナヨ）
多いですか？

커요?（コヨ）
大きいですか？

パート4　基本入れ替えフレーズ

復習問題⑦

1 CDを聴いて、どちらを読んでいるのか選びましょう。

① どのように食べればいいですか？　どのように読めばいいですか？
어떻게 먹으면 돼요? 어떻게 읽으면 돼요? (　　　)

② どんな料理ですか？　　　何曜日ですか？
무슨 요리예요?　무슨 요일이에요? (　　　)

③ どれくらい（時間が）かかりますか？　どれくらい必要ですか？
얼마나 걸려요?　얼마나 필요해요? (　　　)

2 次の日本語の下線部にあたるハングルをなぞって書きましょう。

① どのように行けばいいですか？
어떻게 가면 돼요?

② ソウルの天気はどうですか？
서울 날씨가 어때요?

③ どのくらい待たなければなりませんか？
얼마나 기다려야 돼요?

解答と解説

1 ①어떻게 읽으면 돼요?（どのように読めばいいですか？）
　　オットケ　イルグミョン　トェヨ

읽으면（読めば）の2文字パッチムは左のㄹを発音して、右のㄱは次の으に連音してユになりますが、音は「グ」と濁ります。

②무슨 요일이에요?（何曜日ですか？）
　　ムスン　ヨイリ　エヨ

続けて発音すると、「ムスンニョイリエヨ」となります。

③얼마나 필요해요?（どれくらい必要ですか？）
　　オルマナ　ピリョヘヨ

필요해요?（必要ですか？）は、連音化で피료해요?と発音されます。

2 ①어떻게 가면 돼요?
　　オットケ　カミョン　トェヨ

가면 돼요?は、가다（行く）の語幹に면 되다（〜すればよい）という慣用表現が付いて、丁寧な疑問形になっています。

②서울 날씨가 어때요?
　　ソウル　ナルシガ　オッテヨ

「ソウルの〜」は서울〜で、「〜の」は普通省略されます。날씨は「天気」、어때요?は「どうですか?」です。

③얼마나 기다려야 돼요?
　　オルマナ　キダリョヤ　トェヨ

기다려야 돼요?は、기다리다（待つ）の語幹に어야 되다（〜しなければならない）という慣用表現が付いて、丁寧な疑問形になっています。

パート4　基本入れ替えフレーズ

復習問題⑦

3 次の単語を並べ替えて、正しい文章を作りましょう。

①どんな映画ですか？
〔영화／무슨／예요〕？

②お酒を一杯いかがですか？
〔어때요／한잔／술〕？

4 次の日本語に対応する韓国語として、正しいものを選びましょう。

①どれが似合いますか？　　　　（　　　　　　）
(1) 어느 것이 맛있어요？　　(2) 어느 것이 어울려요？

②どれくらい好きですか？　　　　（　　　　　　）
(1) 얼마나 좋아해요？　　(2) 얼마나 많아요？

解答と解説

3 ①무슨 영화예요?
<ruby>ム スン<rt></rt></ruby> <ruby>ヨンファ<rt></rt></ruby> <ruby>エ ヨ<rt></rt></ruby>

무슨は「何の、どんな」。영화は漢字語で、「映画」を音読みしています。

②술 한잔 어때요?
スル ハンジャン オッテ ヨ

술は「お酒」。한は하나(一つ)が縮まったもので、後ろに名詞や助数詞がくると、この形になります。잔は漢字語で、「盞(盃)」を音読みしています。

4 ①(2) 어느 것이 어울려요?
オ ヌ ゴシ オウルリョ ヨ

어울려요?は、原形어울리다(似合う)の丁寧な疑問形です。(1)の맛있어요?は、「おいしいですか?」という意味です。

②(1) 얼마나 좋아해요?
オルマナ チョア ヘ ヨ

좋아해요?は、原形좋아하다(好む、好きだ)の丁寧な疑問形です。(2)の많아요?は「多いですか?」という意味です。

なりきり ミニ会話 ❼

CD2　ゆっくりスピード　Track 59
　　　ノーマルスピード　Track 60

1

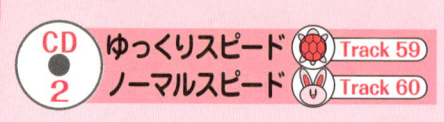

<オットケ　モグ　ミョントェヨ>
어떻게 먹으면 돼요?
どのように食べればいいですか？

<チャル　ピビョソ　トゥセヨ>
잘 비벼서 드세요.
よく混ぜて食べてください。

あなた　　李さん

※<ピビョソ　トゥセヨ>비벼서 드세요：混ぜて食べてください

2

<イ　チマ　オッテヨ>
이 치마 어때요?
このスカートどうですか？

<チャル　オウルリョヨ>
잘 어울려요.
よく似合いますよ。

<オルマ　ナ　チャル　オウルリョヨ>
얼마나 잘 어울려요?
どれくらいよく似合いますか？

あなた　　李さん

<アジュ　チャル　オウルリョヨ>
아주 잘 어울려요.
とてもよく似合います。

フレーズ 37 〜 42 で習った例文を使って
なりきり会話をしよう。

3

オヌルン ムスン ヨイリエヨ
오늘은 무슨 요일이에요?
今日は何曜日ですか？

あなた　李さん

トヨ イリエヨ
토요일이에요.
土曜日です。

※오늘：今日

4

オルマナ　コルリョヨ
얼마나 걸려요?
どれくらい（時間が）
かかりますか？

アラッソ　ヨ
알았어요.
わかりました。

キダリルケヨ
기다릴게요.
待ちます。

あなた　店員

サムシプ　ブン　コルリョヨ
삼십 분 걸려요.
30分かかります。

キダリヌン　トンアン
기다리는 동안
スル　ハンジャン　オッテヨ
술 한잔 어때요?
待つ間にお酒を一杯
いかがですか？

※기다리는 동안：待つ間に

コラム

韓国人は家族思い？

　ドラマや映画に登場する韓国人たちを見た日本人の印象のひとつが、彼らはとても家族思いだということ。物語がフィクションなら、演出がドラマチックなのも当然でしょう。しかしテレビのドキュメンタリーでも、「母親への感謝を涙ながらに語る若い兵士」といったシーンが流れることは珍しくありません。また、携帯電話の短縮番号の上位に両親を登録して頻繁に電話する、といったこともよく知られています。

　韓国は、歴史的に儒教の規範が生活に深く根づいている社会です。父母・祖父母への敬愛の念が強い、血縁が重視されるといった現象を、そうした儒教の規範で説明することもできるでしょう。あるいは男児が望まれる父系社会、つまり母と息子の結びつきが強い、とする分析もあります。

　韓国の旧盆「추석（秋夕）」ともなれば、長男の家に親族が一堂に会し、祖先の祭祀を行う伝統も健在。そのためお盆の帰省ラッシュは日本の比ではありません。

　しかし現在の韓国社会では、世代交代で古い価値観や社会規範が急速に薄れているのも事実。また核家族化が進んだこともあり、秋夕の祭祀の形式化は免れません。とはいえ身内を大事に思う気持ちは、時流はどうあれ、まだまだ根強く残っているようです。

　身内の深いつながりは家族だけでなく、友人関係にまで及びます。年の離れた親友、あるいは職場でも、親しい先輩・後輩の間柄なら、家族と同じように年少者が年長者を「형／오빠（お兄ちゃん）」「누나／언니（お姉ちゃん）」と呼んでいます。その反面、いったん友だちになれば相手の家の冷蔵庫や携帯電話を勝手にのぞく、あるいは靴下や下着まで拝借するといったことも少なくありません。

　一見、同じような顔をして同じような街に暮らしている韓国人たち。しかし家族、友だちといった彼らの人間関係は、日本とはまた少し異なるルールで結ばれているわけです。

パート5

いろいろ会話集

代表的な表現を使った会話をシーン別にまとめました。これまでに習ったフレーズを応用して、ワンランク上の言葉を交わしてみましょう。

趣味について

「韓国のドラマが好きです」

李さん: ムオスル チョアハセヨ
무엇을 좋아하세요?

あなた: ハングゥ ドゥラマルル チョアヘヨ
한국 드라마를 좋아해요.

李さん: クレヨ オットン ドゥラマルル チョアハセヨ
그래요? 어떤 드라마를 좋아하세요?

あなた: ロブ ストリルル マーニ チョアヘヨ
러브 스토리를 많이 좋아해요.

「日本のアニメはどうですか？」

あなた: イルボン ドゥラマヌン ポシン ジョギ イッスセヨ
일본 드라마는 보신 적이 있으세요?

李さん: ムルロン イッスムニダ イルボンドゥラマド チェミイッソヨ
물론 있습니다. 일본 드라마도 재미있어요.

あなた: イルボン エニメイション オッテヨ
일본 애니메이션은 어때요?

李さん: インキガ イッチヨ チョド アジュ チョアヘヨ
인기가 있지요. 저도 아주 좋아해요.

和訳

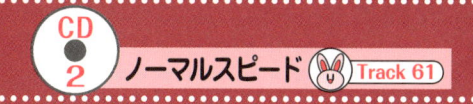

「韓国のドラマが好きです」

李さん：何がお好きですか？
あなた：韓国のドラマが好きです。
李さん：そうですか。どんなドラマが好きなんですか？
あなた：ラブストーリーが大好きです。

「日本のアニメはどうですか？」

あなた：日本のドラマは見たことがありますか？
李さん：もちろん、あります。日本のドラマもおもしろいですね。
あなた：日本のアニメはどうですか？
李さん：人気がありますよ。私も大好きです。

パート5　いろいろ会話集

ワンポイントアドバイス

韓国国内では10年ほど前から日本の大衆文化が開放され、『ドラゴンボール』や『ドラえもん』など日本のアニメや漫画は大人気です。『クレヨンしんちゃん』は짱구（さいづち頭）という名前になっています。ドラマでは山崎豊子原作の『白い巨塔』がリメイクされ話題になりました。

レストランで

「日本語のメニューはありますか？」

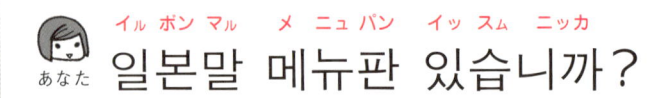

あなた: 일본말 메뉴판 있습니까?

店員: 죄송합니다. 일본말 메뉴판은 없습니다.

あなた: 그럼 됐습니다. 우선 생맥주 두 잔만 주세요.

店員: 네, 잠깐만 기다리세요.

「辛くても大丈夫ですか？」

李さん: 무얼 시킬까요?

あなた: 매운탕을 먹어 보고 싶은데요.

李さん: 아주 매워요. 매워도 괜찮아요?

あなた: 괜찮아요. 매운탕을 이 인분 시키죠.

和訳

> 「日本語のメニューはありますか？」

あなた：日本語のメニューはありますか？
店　員：すみません。日本語のメニューはないんです。
あなた：では結構です。とりあえず生ビール２杯ください。
店　員：はい、少々お待ちください。

> 「辛くても大丈夫ですか？」

李さん：何を注文しましょうか？
あなた：メウンタンを食べてみたいのですが。
李さん：すごく辛いですよ。辛くても大丈夫ですか？
あなた：大丈夫です。メウンタンを２人前、注文しましょう。

ワンポイントアドバイス

매운탕（メウンタン）は、タラやイシダイなどの魚と野菜を入れて、唐辛子や唐辛子味噌をふんだんに混ぜた、辛い鍋料理です。韓国人はスープとごはんはスプーンで食べます。器は手に持たずに、置いたまま食べるのがマナーです。また、目上の人より先に食べ始めてはいけません。

旅館・ホテルで

「オンドル部屋に泊まりたいのですが」

フロント: 어서 오세요.
オソ オセヨ

あなた: 안녕하세요? 빈방 있어요?
アンニョンハセヨ ピンバン イッソヨ

フロント: 네, 몇 분이시죠?
ネー ミョッ プニ シジョ

あなた: 두 명이에요. 가능하면 온돌방에 묵고 싶은데요.
トゥーミョンイエヨ カヌンハミョン オンドルバンエ ムッコ シプンデヨ

「ルームサービスをお願いします」

あなた: 여보세요. 룸 서비스 부탁합니다.
ヨボセヨ ルム ソビス プタカムニダ

フロント: 네, 무엇을 갖다 드릴까요?
ネー ムオスル カッタ ドゥリルカヨ

あなた: 샌드위치하고 커피 갖다 주세요.
センドゥウィチハゴ コピ カッタジュセヨ

フロント: 네, 알겠습니다.
ネー アルゲッスムニダ

和訳

「オンドル部屋に泊まりたいのですが」

フロント：いらっしゃいませ。
あ な た：こんにちは、空室はありますか？
フロント：はい、何名様でしょうか？
あ な た：2人です。できれば、オンドル部屋に泊まりたいのですが。

「ルームサービスをお願いします」

あ な た：もしもし、ルームサービスをお願いします。
フロント：はい、何をお持ちしましょうか？
あ な た：サンドイッチとコーヒーを持ってきてください。
フロント：はい、承知いたしました。

ワンポイントアドバイス

オンドルはユニークな伝統的床暖房方式です。昔は床下に石で煙のトンネルをつくり、台所の焚き口で火をたいて、煙がトンネルを通って煙突から出る間に、床下から部屋を暖める仕組みでした。現代の中高層住宅では灯油、ガス、電気による温水床暖房になっています。

市場・デパートで

「ちょっとまけてください」

あなた
イゴ オルマエヨ
이거 얼마예요?

市場の人
イー マヌォニム ニダ
이만 원입니다.

あなた
ノム ピッサネヨ チョム カッカ ジュ セヨ
너무 비싸네요. 좀 깎아 주세요.

市場の人
クロム マン パルチョヌォネ ヘ ドゥ リジョ
그럼 만 팔천 원에 해 드리죠.

「クレジットカードは使えますか？」

あなた
イー ハンボゥ チュセヨ
이 한복 주세요.

店員
ネー カム サ ハムニダ
네, 감사합니다.

あなた
シニョン カ ドゥ ヌン スル ス イッソ ヨ
신용카드는 쓸 수 있어요?

店員
ネー スル ス イッスムニダ ヨギエ サ イネ ジュ セヨ
네, 쓸 수 있습니다. 여기에 사인해 주세요.

ノーマルスピード Track 64

和訳

「ちょっとまけてください」

あ な た：これはいくらですか？
市場の人：2万ウォンです。
あ な た：ずいぶん高いんですね。ちょっとまけてください。
市場の人：それじゃあ、1万8千ウォンでどうですか？

「クレジットカードは使えますか？」

あなた：このチマチョゴリをください。
店　員：はい、ありがとうございます。
あなた：クレジットカードは使えますか？
店　員：はい、使えます。ここにサインしてください。

パート5　いろいろ会話集

ワンポイントアドバイス

韓国旅行の楽しみのひとつはショッピングでしょう。「이거 주세요．(イゴ チュセヨ)(これください)」などと、ひと言でも韓国語を使えば相手との距離がぐっと近くなります。さらに勇気を出して「좀 깎아 주세요．(チョム カッカ ジュセヨ)(ちょっとまけてください)」と言ってみましょう。応じてくれたらラッキー！です。

バス・タクシーで

「このバス、ソウル駅に行きますか？」

あなた　イー　ポス　ソ　ウルリョゲ　カム　ニッカ
이 버스 서울역에 갑니까?

通行人　ネー　カムニダ　セー　ボンチェ　チョンニュジャンエ ソ　ネリミョン　トェ ヨ
네, 갑니다. 세 번째 정류장에서 내리면 돼요.

あなた　アル　ゲッスム　ニ　ダ　カム サ ハム ニ ダ
알겠습니다. 감사합니다.

通行人　チョン　マネ　ヨ
천만에요.

「景福宮まで行ってください」

あなた　キョンボックン　カ ジ　カ ジュ　セ ヨ
경복궁까지 가 주세요.

運転手　ネー　アル　ゲッスム　ニ　ダ
네, 알겠습니다.

あなた　シ　ガ ニ　オル マ ナ　コル リョ ヨ
시간이 얼마나 걸려요?

運転手　サム シッ　プンチュム　コル リル　コム ニ ダ
삼십 분쯤 걸릴 겁니다.

ノーマルスピード Track 65

和訳

> 「このバス、ソウル駅に行きますか？」

あなた：このバス、ソウル駅に行きますか？
通行人：はい、行きますよ。3つ目の停留所で降りればいいです。
あなた：わかりました。どうもありがとうございます。
通行人：どういたしまして。

> 「景福宮まで行ってください」

あなた：景福宮（キョンボックン）まで行ってください。
運転手：はい、わかりました。
あなた：時間はどのくらいかかりますか？
運転手：30分くらいかかりますね。

パート5　いろいろ会話集

ワンポイントアドバイス

ソウルの交通手段としては、8号線まである「지하철（地下鉄）」が便利で安心です。「버스（バス）」は、慣れるまでちょっとスリリングです。タクシーは一般タクシーのほかに「安全、親切、外国語可」を売り物にした模範タクシーというのがありますが、料金は2倍近くかかります。ちなみに、タクシーのドアは自動ではありません。

観光地で

「見所はどこですか？」

あなた: 내일은 서울 구경을 하려고 해요.

李さん: 그래요? 그거 좋겠네요.

あなた: 볼 만한 곳이 어디예요?

李さん: 글쎄요,…인사동이 재미있겠어요.

「写真を撮ってもらえますか？」

あなた: 사진 찍어 주실래요?

観光客: 네, 좋아요.

あなた: 이 셔터를 누르시면 돼요.

観光客: 자, 찍겠습니다. 하나, 둘, 셋!

ノーマルスピード Track 66

和訳

> 「見所はどこですか？」

あなた：明日はソウル見物をするつもりです。
李さん：そうですか。それは楽しみですね。
あなた：見所はどこですか？
李さん：そうですね…、仁寺洞（インサドン）はおもしろいですよ。

> 「写真を撮ってもらえますか？」

あなた：写真を撮ってもらえますか？
観光客：いいですよ。
あなた：このシャッターを押せばいいです。
観光客：はい、撮りますよ。1、2、3！

ワンポイントアドバイス

「인사동（仁寺洞）」はソウルの鍾路区（チョンノ）にある地域。多数の骨董品（こっとう）、古美術、陶磁器、伝統工芸品の店や、ギャラリー、土産物店などが並ぶ、ソウルの伝統文化の街として有名です。小さな路地裏には韓屋（韓国の伝統的な家屋）を利用して伝統茶を出す、おしゃれな喫茶店やカフェレストランもあります。

パート5　いろいろ会話集

トラブル

「パスポートをなくしました」

あなた: 큰일 났어요! 여권을 분실했어요.

李さん: 아니, 정말요!?

あなた: 어떡하죠?

李さん: 먼저 일본 대사관에 전화하죠.

「朝から頭が痛いんです」

あなた: 아침부터 머리가 아파요.

医師: 열이 있으세요?

あなた: 열도 좀 있는 것 같아요.

医師: 그럼 약을 드리죠.

和訳

「パスポートをなくしました」

あなた：大変！　パスポートをなくしました。
李さん：えっ、本当ですか!?
あなた：どうしよう…。
李さん：まず、日本大使館に電話をしましょう。

「朝から頭が痛いんです」

あなた：朝から頭が痛いんです。
医　師：熱はありますか？
あなた：熱も少しあるようです。
医　師：それでは薬を出しましょう。

ワンポイントアドバイス

旅先では思わぬ事故に遭ったり、体調をくずしたりすることがあります。万一、緊急事態が発生した場合は、119番に電話すれば日本語での緊急救助や救急サービスなどを無料で受けられます。また、ホテルのフロントを通じて医師や救急車も呼べます。

著者

李清一　イ チョンイル

朝鮮大学校文学部外国語科卒業後、朝鮮新報社記者、ハングル能力検定協会事務局長等を経て同協会理事、池袋ハングルスクール校長。
〈著書〉
『アンニョンハセヨ！韓国語』『アンニョンハセヨ！韓国語　かんたんドリル』『アンニョンハセヨ！韓国語　ハングル読み書きドリル』『アンニョンハセヨ！韓国語　すぐに使える日常単語』（池田書店）、『大活字CDブック　気持ちを伝える韓国語表現1300』（実務教育出版）、『ここが出る！ハングル能力検定試験4級・5級[超頻出]問題集』『ここが出る！ハングル能力検定試験準2級・3級[超頻出]問題集』（高橋書店）など

編集　㈱エディポック
DTP　㈱エディポック、㈲スタジオ・ポストエイジ、高月靖
本文校正　㈱アル
本文イラスト　Kuma＊Kuma
ナレーション　韓国語　李泓馥、鄭洲
　　　　　　　日本語　水月優希
録音　（一財）英語教育協議会（ELEC）

ひとりで学べる韓国語会話

著　者　李清一
発行者　高橋秀雄
発行所　株式会社 高橋書店
　　　　〒170-6014 東京都豊島区東池袋3-1-1 サンシャイン60 14階
　　　　電話　03-5957-7103

ISBN978-4-471-11309-4　 ©TAKAHASHI SHOTEN　 Printed in Japan

定価はカバーに表示してあります。
本書および本書の付属物の内容を許可なく転載することを禁じます。また、本書および付属物の無断複写（コピー、スキャン、デジタル化）、複製物の譲渡および配信は著作権法上での例外を除き禁止されています。

本書の内容についてのご質問は「書名、質問事項（ページ、内容）、お客様のご連絡先」を明記のうえ、郵送、FAX、ホームページお問い合わせフォームから小社へお送りください。
回答にはお時間をいただく場合がございます。また、電話によるお問い合わせ、本書の内容を超えたご質問にはお答えできませんので、ご了承ください。本書に関する正誤等の情報は、小社ホームページもご参照ください。

【内容についての問い合わせ先】
　書　面　〒170-6014 東京都豊島区東池袋3-1-1 サンシャイン60 14階　高橋書店編集部
　FAX　03-5957-7079
　メール　小社ホームページお問い合わせフォームから　（https://www.takahashishoten.co.jp/）
【不良品についての問い合わせ先】
　ページの順序間違い・抜けなど物理的欠陥がございましたら、電話03-5957-7076へお問い合わせください。
　ただし、古書店等で購入・入手された商品の交換には一切応じられません。